Der Weg nach Assyrien

Der Weg nach Assyrien

Ein Aufruf zu nationaler Erneuerung

Afram Yakoub

TIGRIS PRESS

Afram Yakoub: Der Weg nach Assyrien – Ein Aufruf zu nationaler Erneuerung

2. Deutsche Auflage, aus dem Schwedischen übersetzt und ergänzt

Erschienen bei Tigris Press, P.O. box 180, 151 22 Södertälje, Schweden
www.tigrispress.com

© Deutsche Auflage: Afram Yakoub 2022
afram.yakoub@gmail.com

Gesetzt mit Caslon Adobe Pro
Grafische Gestaltung und Form: Tigris Press

Umschlagbild: Karte von Assyrien, vorgelegt von den assyrischen Gesandten bei der Pariser Friedenskonferenz 1919. Mesopotamische Buchsammlung.

ISBN 978-91-981541-7-7

Inhalt

Vorwort

Es heißt, wer nicht aus der Geschichte lernt, ist dazu verdammt, sie zu wiederholen. Wir Assyrer haben diese Warnung nicht ernst genommen und sind so seit Generationen zu wiederholten Misserfolgen verdammt gewesen. Für uns ist es höchste Zeit zurückzublicken, um endlich zu Fortschritten zu gelangen. Die Antworten auf unsere Fragen und das Heilmittel gegen unsere geteilte Frustration finden sich in unserer gemeinsamen Vergangenheit. Eine ganz neue Seite von uns selbst wartet darauf, entdeckt zu werden. Dazu ist es nötig, dass wir es wagen, unsere Geschichte ohne Scheuklappen und jenseits des uns vorgehaltenen Bildes zu betrachten. Es ist notwendig, dass wir unserer Vergangenheit in all ihrer brutalen Wirklichkeit ins Auge sehen. Die schmerzenden Einblicke, die uns die vergangenen Zeiten aufzwingen, ermöglichen es, neue Kräfte in uns zu entfalten und einen Glauben daran zu wecken, dass es für die assyrische Nation noch nicht zu spät ist, ihre Zukunft selbst in die Hand zu nehmen. Unsere Geschichte ist lang und voller Verzweiflung, aber unsere unendliche Zukunft ist hell und hat gerade erst begonnen – wenn wir es wollen.

Mehrere Personen haben die Arbeit an diesem Buch auf unterschiedliche Weise unterstützt und mich auf dem Weg immer wieder ermuntert. Ich bin auf immer dankbar für diese Unterstützung. Ein besonderer Dank gilt Kara Hermez für ihre einfühlsamen Perspektiven.

Stockholm, im Februar 2020
Afram Yakoub

Lasst uns nur mit unserer eigenen Rettung rechnen
und Assyriens Rettung durch uns selbst.

Jacques Gorek

I

Die Entstehung und Entwicklung von Identität

Um die heutige Situation des assyrischen Volkes zu verstehen, müssen wir weit zurück in die Vergangenheit gehen. Die Geschichte gibt uns Einblick in die Kräfte, die das assyrische Volk geformt haben, und schafft ein tieferes Verständnis dafür, wie es zu seiner heutigen Gestalt gekommen ist.

Transformationen

Wir tendieren dazu, ethnische Identität als etwas Statisches und Unveränderliches zu sehen. Erst wenn wir weit zurück in die Vergangenheit gehen, beginnen wir zu verstehen, dass sie im Gegenteil ständiger Veränderung unterworfen ist. Dies gilt im höchsten Grad auch für die assyrische Identität, die dramatische Transformationen durchlaufen hat. Ihre Anfänge lassen sich zu einer lokalen ethnoreligiösen Identität in der Gegend vom oberen Lauf des Tigris vor mehr als viertausend Jahren zurückverfolgen. Die darauffolgende Gründung des assyrischen Reichs, das zu einem ausgedehnten Imperium expandierte, sorgte für eine grundlegende Veränderung nicht nur der umgebenden Gebiete, sondern auch der eigenen Identität. Um seine Macht langfristig zu sichern, entwickelte das Imperium eine Strategie, zu der eine demografische Umsiedlung in einem Ausmaß gehörte, dessen die Welt niemals zuvor Zeuge geworden war. Zu dieser Strategie zählte unter anderem, dass Hunderttausende Menschen mit äußerst unterschiedlichen Ethnien in Assyrien angesiedelt wurden. Die Geschichtsforschung hat gezeigt, dass diese Fremden im Laufe der Zeit an die assyrische Mehrheit assimiliert wurden. Eine der Wirkungen dieser langfristig angelegten Politik lag darin, dass sich die assyrische Identität von einer lokalen Ethnie zu einer regionalen und nationalen Identität wandelte. Assyrer zu sein, bedeutete nicht länger, dass man einer assyrischen Ethnie angehörte, sondern man war Teil einer Nation mit einer zentralen Führung, gemeinsamen Symbolen, gemeinsamer Religion, Sprache und Kultur. Es lassen sich heute ähnliche Prozesse feststellen, wie sie in vielen Ländern in der heutigen Welt durch Migration stattfinden.

Als das assyrische Imperium ungefähr 600 Jahre vor unserer Zeitrechnung unterging, hinterließ es eine Bevölkerung mit einer nationalen Identität, die sich während vieler Generationen herausgebildet und Gestalt angenommen hatte. Dadurch, dass es keine deutliche Führung mehr gab, wurde die Bevölkerung Assyriens in den nachfolgenden Jahrhunderten relativ unsichtbar auf der geschichtlichen Weltbühne, jedoch lässt sich ihre weitere Existenz in verschiedenen geschichtlichen Quellen der persischen, griechischen, römischen und weiterer Mächte, die einander in diesem geografischen Raum ablösten, nachverfolgen.

Kurz nach dem Aufkommen des Christentums durchlief die assyrische Volksgruppe eine neue Transformation. Mit dem Übergang zum Christentum begannen die Assyrer wieder als eine Gruppe sichtbar zu werden, die sich von ihrer Umgebung abhob. Dieses Mal nicht als Bewohner eines eigenständigen Reichs, sondern als christliche Gläubige, die in selbständigen Kirchen organisiert waren. Das Aufkommen eigener, sich von anderen abhebender Kirchen in Assyrien zeigt, dass das Gefühl der nationalen Zusammengehörigkeit den Fall des assyrischen Reichs mehrere Jahrhunderte zuvor überlebt hatte. Es markierte zugleich eine zweite und radikale Transformation – eine Identitätserweiterung, die sich durch den Filter des Christentums neu definierte. Dem Kollektiv zugehörig zu sein, hieß nun, dass man in der Kirche getauft und ihr zugehörig war.

Bald danach begann sich eine weitere Veränderung durchzusetzen. Ab dem vierten Jahrhundert wurde deutlich, dass sich das assyrische Christentum in zwei Zweige und damit zwei Kirchen spaltete (ostassyrisches und westassyrisches Christentum). Oberflächlich schien es, dass sich die Teilung auf unterschiedliche theologische Auslegungen der Bibel gründete. Tatsächlich aber war sie Teil einer politisch motivierten Überlebensstrategie. Der tieferliegende Grund war, dass die Volksgruppe unter verschiedenen fremden Mächten lebte, die von ihren Untertanen jeweils Loyalität forderten. So bildeten die Assyrer, die unter der Führung der Perser lebten, und jene, die unter oströmischer Herrschaft standen, ihre jeweils eigene Kirche und im Laufe der Zeit eigene Attribute in Form von Dialekten und anderen kulturellen Ausdrücken aus. Die beiden Gruppen waren gezwungen, Abstand zueinander zu halten, sodass ihre Loyalität zu den jeweils herrschenden Mächten nicht in Frage gestellt wurde. Die beiden kirchlichen Gruppierungen, die sich so herauskristallisierten, waren einerseits die assyrisch-orthodoxe Kirche (heute Syrisch-Orthodoxe Kirche von Antiochien) und andererseits die Kirche des Ostens (heute Assyrische Kirche des Ostens). Diese dritte Transformation führte also zu einer an verschiedenen Kirchen orientierten Aufteilung des Kollektivs und zu einer teilweisen Spaltung der Identität selbst, die sich jetzt immer dadurch definierte, welcher Kirche (Konfession) man angehörte. Der innere Kern der nationalen Identität blieb jedoch intakt, da die Assyrer weiter in einem einheitlichen geografischen Gebiet lebten, eine gemeinsame Sprache sprachen und schrieben und dieselbe Religion sowie ethnische Bezeichnung teilten.

Auch die Eigenbezeichnung war im Laufe der Zeit Veränderungen unterworfen und mit wechselnden Bedeutungen verbunden. Archäologische Funde haben gezeigt, dass die Aussprache des ursprünglichen *assuroye/assuraye* bereits während der vorchristlichen Zeit der Großmacht zu *suroye/suraye* verkürzt worden war. Eigensprachlich bezeichnen sich die Westassyrer als *suroye*, die Ostassyrer verwenden den Begriff *suraye*. Der minimale Unterschied zwischen *suroye* und *suraye* ist auf die zwei assyrischen Hauptdialekte zurückzuführen. Als die Assyrer zum Christentum übertraten, wurde die Bezeichnung *suroye/suraye* mit der Zeit gleichbedeutend mit dem Wort „christlich" unter den Assyrern. Diese Verkürzung von *assuroye/assuraye* zu *suroye/suraye* wurde auch in anderen Sprachen übernommen. Daher kommen seit vorchristlicher Zeit die beiden Bezeichnungen Assyrer und Syrer ebenso wie Assyrien und Syrien in verschiedenen historischen Quellen vor. Dass die eigensprachliche Bezeichnung *suroye/suraye* gleichzusetzen ist mit „Assyrer", entspricht der wissenschaftlich anerkannten Lehrmeinung, über die in der Forschung ein breiter Konsens existiert. Erwähnenswert sind hier unter anderem die wissenschaftlichen Erkenntnisse aus dem Fund einer zweisprachigen Inschrift auf einer antiken Statue im Jahre 1997 in der Nähe des heutigen Dorfes Çineköy in der türkischen Provinz Adana. Zudem haben namhafte Wissenschaftler wie zum Beispiel der österreichische Althistoriker und Altorientalist Professor Robert Rollinger sowie der finnische Assyriologe Professor Simo Parpola mit ihrer Forschung dazu beigetragen, die Synonymie zwischen *suroye/suraye* und „Assyrer" evidenzbasiert zu belegen.

Die Geschichte ließ es bei der assyrischen Identität jedoch nicht mit dem Übergang zum Christentum bewenden. Etwa fünfzehn Jahrhunderte nach der dritten Transformation sollte eine vierte Veränderung kommen. Ab Ende des 19. Jahrhunderts begann der Nationalismus die Assyrer dazu zu bewegen, ihre Identität in ihrer damaligen Form in Frage zu stellen. Inspiriert von nationalistischen Idealen begannen immer mehr, auf die vorchristliche Zeit zurückzublicken und an das anzuknüpfen, was sie als eine echtere und gemeinsame Identität betrachteten.

Eine wachsende Zahl dieser Intellektuellen riefen ihre Landsleute dazu auf, es sei Zeit, über die Trennungslinien, die die Kirchen gezogen hatten, hinauszusehen und sich stattdessen unter der gemeinsamen assyrischen Identität zu vereinen. Während die vorhergehenden Veränderungen die Volksgruppe langsam und allmählich transformierten, kam diese vierte Transformation nun plötzlich und abrupt und ist bis heute nicht abgeschlossen und in gewisser Weise auch bisher unvollendet geblieben. Nicht alle Assyrer waren bereit, über die kirchliche Identität hinauszublicken, und so hat die nationalistische Bewegung seit Mitte des 20. Jahrhunderts Widerstand erfahren. Dies hat zur Entstehung alternativer Bewegungen innerhalb der Volksgruppe geführt, die sich für unterschiedliche ethnische Identitäten, basierend auf der kirchlichen Zugehörigkeit, stark machen. Diese Entwicklung hat zu einer zunehmenden Begriffsverwirrung sowohl intern innerhalb der Volksgruppe als auch extern unter Nichtassyrern beigetragen.

Trotz dieser Fragmentierung ist die assyrische Identität eine Erfolgsgeschichte. Sie hat mehrere Jahrtausende überlebt und eine Reihe von verschiedenen tiefgreifenden Veränderungen durchlaufen. In jeder Epoche haben wir unsere Identität neu definiert und ihr auf neue Weise Ausdruck verliehen. Die Assyrer von heute sind das Resultat dieser verschiedenen Phasen und Veränderungen. Welchen Weg die kollektive Identität in Zukunft einschlagen wird und wie intakt das Kollektiv aus dieser vierten Transformation herauskommen wird, bleibt zu sehen.

Christentum als Überlebensstrategie

Das Christentum hat die assyrische Kultur in hohem Grad beeinflusst und zu einem fundamentalen Wandel der Identität geführt, gleichzeitig hat es dazu beigetragen, dass sie bis heute erhalten werden konnte. Die Assyrer haben früh eigene Kirchen gebildet und ihre Unabhängigkeit gegenüber der katholischen Kirche bewahrt, trotz Verfolgungen und starkem Druck, sich dieser zu unterstellen. So konnte die Volksgruppe verhindern, in der größeren christlichen Gemeinschaft aufgelöst zu werden und ihre Besonderheit zu verlieren. Einige Jahrhunderte später, als sich der Islam ausbreitete, mussten die assyrischen Kirchen erneut zum Überleben des Kollektivs beitragen. Indem sie sich hartnäckig an einer anderen als der muslimischen Religion, die in der Region dominierte, festhielten, konnten die Assyrer auch weiterhin ihre Eigenart bewahren. Das Christentum und die selbständigen Kirchen stellten hierbei erneut den Schutzmechanismus zur Verfügung, der der Volksgruppe half, einer Auflösung in der Mehrheit entgegenzuwirken. Indem sie in selbständigen Kirchen organisiert waren, gelang es den Assyrern außerdem, über die Jahrhunderte eine Art unpolitische und informelle Selbständigkeit unter einer Vielzahl fremder Mächte zu sichern. Auch andere Nationen bedienten sich ähnlicher Strategien, um ihre Selbständigkeit zu bewahren und zu stärken. In Ländern wie Schweden und England bildete die politische Führung nationale Kirchen, um ihre Identität und Selbständigkeit gegenüber Rom zu bewahren.

Sogar als ein Teil der Assyrer im 16. und 17. Jahrhundert schließlich zum Katholizismus übertrat und den Papst als ihr kirchliches Oberhaupt anerkannten, gaben sie ihre Identität deshalb nicht auf. Sie forderten und erhielten einen Sonderstatus als unierte Ostkirchen mit eigener Sprache, Identität und eigenen Traditionen. Diese zwei neu entstandenen und mit Rom unierten assyrischen Kirchen heißen heute offiziell Chaldäisch-katholische Kirche sowie Syrisch-katholische Kirche. Auch diese Vorgehensweise kann als Überlebensstrategie angesehen werden. Gegen Anfang des 15. Jahrhunderts zeichnete es sich für die Assyrer nämlich ab, dass der Widerstand gegen Angriffe und gegen die muslimische Unterdrückung immer schwerer aufrechtzuerhalten war. Indem man sich mit dem Papst in Rom alliierte, sicherte man sich so einen gewissen politischen Schutz des Westens. Tausend Jahre zuvor hatten die Assyrer dem Druck der katholischen Kirche standgehalten, jetzt aber kamen sie zu einer anderen Beurteilung und unternahmen Schritte, die früher als undenkbar galten.

So, wie das Christentum als eine unausgesprochene Strategie für das Überleben der kollektiven Identität angesehen werden kann, lässt es sich zugleich als eine Gegenkraft gegen diese Identität sehen. Es zeigte sich nämlich, dass es die ethnische Identität im Laufe der Zeit aushöhlte und die Überhand gewann, sodass sie in den Hintergrund gedrängt wurde. Bevor die nationalistischen Ideen am Ende des 19. Jahrhunderts die Volksgruppe erreichten, waren die Assyrer tief in ihren jeweiligen kirchlichen Identitäten verwurzelt, und das Gefühl, dass man einer Nation angehört, war zum großen Teil verschwunden, auch wenn sie noch immer das geografische Gebiet, die Sprache, die Bezeichnung und eine schwache Erinnerung an eine einstige glorreiche Zeit unter den heidnischen Göttern teilten.

Extremismus gegen Zivilisation

Die Ausbreitung des Christentums und des Islams im Nahen Osten folgt interessanten Mustern und vermittelt auch wichtige Erkenntnisse über die Assyrer selbst. Das besagte Muster zeigt sich, wenn man den gemeinsamen Nenner unter den Volksgruppen untersucht, die sich früh dem Christentum angeschlossen haben. Mehrere dieser Volksgruppen waren nämlich Erben einer älteren Zivilisation. Und sie blieben dem Christentum trotz späteren starken Drucks, zum Islam zu konvertieren, treu. Assyrer, Armenier und Kopten können hier als Beispiel genannt werden. Viele der Volksgruppen, die den Islam wählten, hatten dagegen keinen reichen zivilisatorischen Hintergrund. Eine Aus-

nahme bilden hier jedoch u. a. die Perser, das antike Großreich
der Perser war bekannt für seine Hochkultur.

Noch heute lassen sich allgemeine Unterschiede im Charakter
und in den Verhaltensmustern zwischen diesen beiden Kategorien
ausmachen. Die muslimischen Völker tendieren dazu, zwischen
extremistischen Ideologien hin und her zu pendeln, vor allem in
Form von religiösem oder ethnischem Fanatismus. Kurden und
Assyrer haben in den letzten Jahrhunderten in zunehmendem
Maße die geografischen Gebiete geteilt, aber ihre tiefer liegende
Mentalität ist weiterhin äußerst unterschiedlich. Das kurdische
Volk zeichnet sich im Allgemeinen entweder durch extrem na-
tionalistische oder durch extrem religiöse Ideologien aus. Als
Muslime haben sich viele Kurden von fanatischen religiösen Ideen
angezogen gefühlt und Assyrer und andere nicht muslimische
Gruppen angegriffen, unterdrückt und verfolgt. Als Nationalisten
waren sie bereit zu Gewalthandlungen wie Mord, Vertreibung von
und Angriffen auf Assyrer und andere nicht kurdische Völker.
Es ist schwer, Nachweise für denselben Typus eines allgemeinen
Verhaltens bei den Assyrern zu finden, sei es bei den assyrischen
Christen oder bei assyrischen Nationalisten.

Eine Folgerung, die wir aus diesen allgemeinen Verhaltensmustern ziehen können, ist die, dass Volksgruppen, die Erben
einer fortgeschrittenen Zivilisation sind, in geringerem Umfang von Extremismus angezogen zu werden scheinen und eine
höhere Toleranz an den Tag legen. Im Falle der Assyrer hat sich
diese Grundeinstellung zu unserem Nachteil ausgewirkt, indem
sie uns gegenüber unserer weniger toleranten Umgebung
verletzlicher gemacht hat.

Die ersten Humanisten

Die Assyrer entwickelten im Laufe der Zeit eine eigene Form des
Christentums mit einigen besonderen Kennzeichen. So wurde

der Märtyrertod ungewöhnlich stark verherrlicht und es wurde eine Philosophie entwickelt, die die Entsagung der physischen Welt zu ihrem höchsten Ideal erhob. Man übte auch eine Form von Pazifismus aus, die für andere Christen fremd geblieben ist. Griechen, Armenier, Russen und andere christliche Volksgruppen befürworteten ebenfalls christliche Werte wie jenen, dass wer geschlagen wird, auch noch die andere Wange hinhalten soll, aber was die Politik und die Bewahrung der Nation betraf, wurde ihren Anhängern das bedingungslose Prinzip von Auge um Auge, Zahn um Zahn anerzogen. „Wer mit dem Schwert zu uns kommt, wird durch das Schwert fallen" ist ein bekanntes Zitat von Alexander Newski, dem großen russischen Heerführer, der im 13. Jahrhundert Russland vor verschiedenen Invasionen rettete und von der russischen Kirche im 16. Jahrhundert heiliggesprochen wurde. Während der Offensive Nazideutschlands gegen Moskau im Zweiten Weltkrieg sprach der russische Erzbischof Sergej folgendes Gebet: „O barmherziger Herr, gib uns den Sieg und den Glauben an die Kraft des Lichtes gegen die Dunkelheit, die Kraft der Gerechtigkeit gegen das Böse und Brutalität und die Kraft des Kreuzes über das Hakenkreuz. So möge es geschehen. Amen." Ein weiteres Beispiel ist, dass der griechische Befreiungskrieg von Mönchen und Bischöfen innerhalb der Griechisch-orthodoxen Kirche begonnen wurde.

Solches Handeln ist in breiten Schichten des assyrischen Christentums undenkbar. Auch wenn es feine Unterschiede zwischen den verschiedenen assyrischen Kirchen gegeben hat, ist es schwer, einen ausgesprochenen Nationalismus zu finden. In einem Text von 1847 über ein von Kurden an Assyrern verübtes Massaker im Jahre 1832 in der Stadt Alqosh bezeugt der dort ansässige Priester Yawsep Abbaya eine Einstellung, die lange Zeit für assyrisches Denken und Handeln typisch gewesen ist:

Viele, sowohl Frauen als auch Männer, erlitten lieber Tortur, Schande und Tod, als ihren Glauben aufzu-

geben und ihrer Religion abzusprechen. Sie waren
stark und sprachen aus einem Mund: ‚Wir verraten
nicht den Herren Christus, den Erlöser der Welt. Für
ihn opfern wir unser Blut.' Sie wurden getötet, während
sie mit lauter Stimme wiederholten: ‚Wir sterben für dich, Erlöser der Welt!' [1]

Trotz all der Massaker und Angriffe, die die Assyrer erlitten
haben, lassen sich keine Beispiele für einen assyrischen Newski
oder Sergius finden. Die Assyrer folgten der christlichen Botschaft, die andere Wange hinzuhalten, auch gegenüber jenen, die
sie vernichteten. Zumeist empfingen sie so Schlag um Schlag,
ohne sich zu verteidigen oder zu wehren, ja, es lässt sich sogar
eine allmähliche Verstärkung der Entsagungsphilosophie und
der Verherrlichung des Märtyrertods erkennen. Die assyrische
Volksgruppe, so könnte man sagen, hat das Christentum richtig
verstanden, ihre Umwelt jedoch falsch interpretiert, eine Fehlinterpretation, für die sie ohne Zweifel einen hohen Preis bezahlen musste. Eine der assyrischen Delegationen bei der Friedenskonferenz in Paris nach dem Zweiten Weltkrieg fasste die lange,
dunkle Geschichte der Volksgruppe und die daraus folgenden
Resultate von heute mit folgenden Worten zusammen:

> Unsere assyrische Nation, einst so mächtig und heu
> te so klein, hat seit den Anfängen des Christentums
> die Prinzipien der christlichen Religion angenom
> men und sich für diese sowie für die Zivilisation und
> Mitmenschlichkeit unter den barbarischen Völkern
> Asiens eingesetzt. Diese mutige Aufgabe hat es mit
> sich gebracht, dass unsere Nation furchtbaren Ver
> folgungen und Massakern seitens nicht christlicher
> Feinde ausgesetzt wurde. Das Volk wurde dezimiert
> und gekränkt und ist zu einem Volk von Märty
> rern geworden. Schulen, Kirchen und Bibliotheken
> wurden zerstört. [2]

Von der Mehrheit zur Minderheit

Den Assyrern ging es nach dem Übergang zum Christentum mehrere Jahrhunderte lang trotz der fortgesetzten Abwesenheit einer eigenen Führung relativ gut. Ab dem 9. Jahrhundert sah sich die Volksgruppe jedoch mit größeren Schwierigkeiten konfrontiert, als die Toleranz der muslimischen Kalifen zugunsten eines aggressiveren Islam aufgegeben wurde. Später kamen die Invasionen von Türken und Kurden aus dem Nordosten und schließlich die blutigen Überfälle der Mongolen hinzu. Diese intensive und schonungslose Entwicklung zwang die assyrisch-christliche Zivilisation schließlich in den Untergang. Der Historiker Hirmis Aboona hat in seinem Buch *Assyrians, Kurds, and Ottomans* die negative Entwicklung mit folgenden Worten beschrieben:

> Der Untergang wurde durch ständige Verfolgung und ethnische Säuberungen in ununterbrochenen Wogen fremder Invasoren und Siedler verschlimmert, die nach Assyrien aufbrachen, um das Vakuum nach Timur Lenks Zerstörung und Auslöschung der großen Mehrheit der Ursprungsbevölkerung zu füllen. [3]

Seither hat sich dieser abwärts weisende Trend unablässig durch ständige Rückschläge fortgesetzt. Massaker, Völkermord und Vertreibungen haben einander bis in unsere heutige Zeit mit den Verwüstungen durch den Islamischen Staat 2014 als neuestem Beispiel abgelöst. Dies hat dazu geführt, dass die frühere assyrische Mehrheit im assyrischen Kernland zu einer kleinen Minderheit geschrumpft ist.

Der seit mehreren Jahrhunderten andauernde Minoritätsstatus hat es außerdem mit sich gebracht, dass den Assyrern unterschiedliche Loyalitäten aufgezwungen wurden. Zum Beispiel hatte jeder größere kurdische Clan seinen loyalen assyrischen Clan, der diesen in Krisenzeiten zu unterstützen hatte. Hatte der kurdische Clan etwas mit anderen Assyrern zu bereinigen, wurde von dem ihm untergeordneten assyrischen Clan erwartet, loyal zu sein und sich gegen die eigenen Leute zu stellen. Der Status als Minorität hat so zu einer weiteren Schwächung und einem Ausgeliefertsein des assyrischen Volkes und zu einer Unfähigkeit, sich gegen Gewalt und Druck zu wehren, geführt.

Assyrismus

Als sich Ende des 19. Jahrhunderts nationalistische Ideen innerhalb der Volksgruppe zu verbreiten begannen, führte dies zur Geburt einer Bewegung, die die gemeinsamen ethnischen und nationalen Identitäten betonte und die unterschiedlichen kirchlichen Identitäten, die sich eine Dominanz verschafft hatten, in den Hintergrund stellte. Der Assyrismus verkündet die Einigung der Assyrer aus den verschiedenen Kirchengruppen unter einer nationalen Identität und ruft zu einem Streben nach Selbständigkeit in Assyrien auf. Die nationale Bewegung musste jedoch schon früh schwere Rückschläge in Form von Massakern, Vertreibungen und dem Völkermord von 1915 (eigensprachlich als *Seyfo* bezeichnet) erleiden. Auch wenn sich die Bewegung später teilweise erholte und sie mit neuen Generationen auch neue Kräfte erlangte, so ist sie dennoch schwach und der Traum von der Selbständigkeit eben nur ein Traum geblieben, der darüber hinaus mit jedem Jahr immer weiter entfernt scheint. Das Ausbleiben von Erfolgen hat zu einer Frustration bei Generationen von assyrischen Nationalisten geführt. Sie haben zusehen können, wie es der einen Volksgruppe nach der anderen gelungen ist, sich zu befreien, während ihr eigenes Streben nach mehr als einem Jahrhundert der Anstrengungen noch immer aussichtslos zu sein scheint.

II

Verheerende Auswirkungen

Die assyrische Nationalbewegung, die sich Ende des 19. Jahrhunderts herauszubilden begann, hat seit mehr als hundert Jahren einen erfolglosen Kampf für die Freiheit geführt. Die Frage, warum es stets an Erfolgen gemangelt hat, ist eigentlich bis heute unbeantwortet geblieben.

Die ewige Fragestellung

Warum hat die assyrische Bewegung nie wirklich etwas bewirkt? Warum scheint sie nie Gelegenheiten zu nutzen oder Schritte nach vorn zu unternehmen? Was ist die Ursache für diese spürbare Lähmung und offenbare Schwäche? Diese Fragestellungen sind nicht neu, sondern im Gegenteil genauso alt wie die Bewegung selbst. Schon in ihren Anfängen machten sich die Pioniere hierzu Gedanken. Ashur Yousuf, der von 1858–1915 in der Stadt Kharput in Assyrien lebte, war einer jener frühen assyrischen Intellektuellen, die versuchten, eine Antwort auf die Frage zu finden. In einer Schrift unter dem Titel *Ursachen für die Rückschritte der Assyrer* wies er unter anderem auf die internen Streitigkeiten zwischen den Kirchengruppen und auf Unkenntnis hin und darauf, dass die Volksgruppe unter, wie er sie nannte, „unzivilisierten Clans und Volksgruppen" lebte. Er beginnt seinen Text mit der Feststellung:

> Mit Hinweis auf die äußerst ruhmreiche und fortschrittliche historische Vergangenheit der Assyrer

und im Vergleich dazu auf ihre zurückgebliebene und wenig wünschenswerte gegenwärtige Situation möchten wir klarstellen, dass die hauptsächliche Ursache für die Rückschritte in der Vergangenheit zu suchen ist. Der Fortschritt wie auch der Niedergang eines Volks ist nicht das Ergebnis eines Tages oder eines Jahres, sondern von Jahrzehnten und Jahrhunderten. So verloren die zivilisierten und hochkultivierten Assyrer ihre Stellung aufgrund einer weit in der Vergangenheit liegenden Ursache, und diese Ursache war primär politischer Natur. Ab dem Tag, an dem die Assyrer ihre Selbständigkeit und ihre Stellung als vorherrschende Nation verloren, sind sie, wie es Jeremia mit schrecklicher Deutlichkeit in seinen prophetischen Botschaften beschrieb, von brutalen Regimen tyrannisiert und unterdrückt worden. [4]

Vieles ist in den mehr als hundert Jahren, seit Yousuf seine Gedanken niederschrieb, geschehen. Die assyrische Bewegung und der stetige Rückgang der gesamten Volksgruppe ist jedoch ununterbrochen fortgeschritten und hat neuen Generationen Anlass gegeben, auf diese Fragestellung zurückzukommen. In seinem Buch *Inkräktarna: assyriernas historia i Sverige* (Die Eindringlinge: Geschichte der Assyrer in Schweden) aus dem Jahr 2012 schreibt Gabriel Afram, Autor und frühere Führergestalt für die assyrische Bewegung in Schweden, Folgendes:

Warum befindet sich die assyrische Bewegung in der Sackgasse? Ausgehend von meinen eigenen Erfahrungen möchte ich behaupten: Wem es gelingt, eine Diagnose für die Krankheit der Assyrer zu stellen und ein Heilmittel zu präsentieren, der- oder diejenige sollte ohne Zweifel den Nobelpreis für Medizin verliehen bekommen. Trotz dieser unmöglichen Aufgabe müssen wir das Heilmittel selbst finden. Wir können uns nicht darauf verlassen, dass Außenstehende unsere Probleme lösen. Wir sind gezwungen, es selbst zu tun. Die Fragen zu den Ursachen sind so lange von so vielen gestellt worden, ohne dass es jemandem gelungen wäre, weiterzukommen. Selbstverständlich ist es nicht ein einziger Faktor, der den Bösewicht in diesem Drama darstellt, im Wege steht und uns daran hindert, die zu erwartenden Fortschritte zu machen, sondern es gibt sicher eine ganze Reihe von Faktoren. [5]

Der konstante Faktor

Wer die neuere Geschichte der Assyrer studiert, kann feststellen, dass wir, unabhängig von Umwelt, Bedingungen, Kontext und Voraussetzungen, auf einem Gebiet nach dem anderen kontinuierlich auf dem Rückzug sind. Egal, ob in demografischer, politischer, militärischer, organisatorischer oder sogar kultureller Hinsicht, lässt sich ein deutliches Schwinden der Volksgruppe als Ganzes erkennen. Der Rückgang ist, unabhängig davon, wie zersplittert, geeint oder organisiert wir gewesen sind oder ob wir in der Diaspora oder unter den Besatzungsmächten in Assyrien lebten, weiter vorangeschritten. Wie ein roter Faden läuft er durch die Geschichte der assyrischen Bewegung. Wir sind heute, trotz jahrzehntelanger Anstrengungen, demografisch schwächer, militärisch unbedeutender, politisch in weit höherem Grad marginalisiert und von einer existenziellen Gefahr stärker bedroht als vor hundert Jahren. Wir sind also nicht nur nicht in der Lage gewesen, als Kollektiv weiterzukommen, sondern haben sogar Punkt um Punkt Rückschritte gemacht. Dies ist, vorsichtig gesagt, bemerkenswert, und im Vergleich zu anderen Volksgruppen heben wir uns deutlich von diesen durch unsere monumentalen Misserfolge ab. Es ist so weit gekommen, dass herausragende Assyrer wie Gabriel Afram unseren Zustand als eine mystische Krankheit beschrieben haben. Wie ist ein solches Phänomen zu erklären?

Vergleiche

Um den totalen Mangel an Erfolgen zu erklären, pflegen viele von uns eiligst alle Prüfungen aufzuzählen, die uns auferlegt wurden: Der Völkermord von 1915, das gebrochene Versprechen der Briten von Autonomie, die brutalen Regime im Nahen Osten, allgemeine Unterdrückung, die ständig wiederkehrenden Kriege und andere Schwierigkeiten werden gern genannt. Die meisten von uns tendieren dazu, dieser scheinbar logischen Argumentationslinie zu folgen, erweitert man jedoch seinen Blickwinkel, kann man den Einwand vorbringen, dass sich Armenier, Juden, Kurden und andere Gruppen mit ähnlichen Schwierigkeiten konfrontiert sahen. Wir sind weit davon entfernt, als einziges Volk in einer feindlichen Umgebung zu leben und Rückschläge zu erleiden. Den genannten Volksgruppen ist es trotz eines ähnlichen Schicksals gelungen, sich im Zuge ihres nationalen Kampfes Gehör für ihre Positionen zu verschaffen.

Dieser Feststellung würden viele Assyrer die Behauptung entgegensetzen, dass der Vergleich ungerecht ist, da wir nicht im selben Umfang Unterstützung von außen erhalten haben wie die anderen. Beleuchten wir aber die Unterstützung für die drei genannten Volksgruppen etwas näher, können wir zum einen sehen, dass die Bedeutung dieser Hilfe überbewertet ist, und zum anderen, dass die Unterstützung meistens nur eine Unterstützung für den eigenen Kampf dargestellt hat. Die Armenier mussten auf eigene Faust eine Reihe von Kämpfen in den Jahren direkt nach dem Völkermord 1915 durchstehen. Die jüdische Bewegung erhielt zwar durch die Balfour-Erklärung eine politische Anerkennung, aber ohne weitere Arbeit in eigener Regie wäre Israel niemals Wirklichkeit geworden. Der kurdische Führer Mullah Mustafa Barzani erhielt von den Feinden des irakischen Regimes Unterstützung für seinen Aufstand, jedoch auch erst, nachdem er selbst die Waffe in die Hand genommen und mehrere Jahre lang einen Guerillakrieg geführt hatte.

Auch die Behauptung, die Assyrer hätten keinerlei Unterstützung bekommen, lässt sich in Frage stellen. Es gab Unterstützung verschiedener Art, in bestimmtem Umfang und zu verschiedenen Zwecken, so unter anderem militärische und humanitäre Hilfe von Russland, Großbritannien und Frankreich in den chaotischen Jahren während des Ersten Weltkriegs und danach. Der Versuch, unsere konstanten Rückschritte damit zu erklären, welche Hilfe andere zur Verfügung gestellt bzw. verwehrt haben, ist daher der falsche Ausgangspunkt für die Diskussion.

Vorwände

Ein wiederkehrendes Argument, das sich unter Assyrern als anscheinend unbestreitbare Wahrheit etabliert hat, lautet, dass der Mangel an Einigkeit ein wichtiger Grund für unsere Rückschläge war und ist. Wenn aber Einigkeit die Voraussetzung für einen erfolgreichen nationalen Kampf wäre, müssten sich logischerweise viele andere in derselben Situation befinden. Die Kurden sind, betroffen von sprachlicher, geografischer, politischer und sozialer Zersplitterung in Form von Clans, nie geeint gewesen, und obgleich ihr Auseinanderfallen auch in interne und blutige Kriegshandlungen übergegangen ist, sind sie in einigen Bereichen vorangekommen. Desgleichen erlebte die griechische nationale Bewegung eine tiefe Zersplitterung und innere Streitigkeiten. Und auch die zionistische Bewegung konnte dieser Zersplitterung nicht entgehen. Die Geschichte zeigt, dass absolute Einigkeit ein Mythos ist und nicht die Rolle spielt, von der viele sich einreden, dass sie so wichtig ist, um eine Unterstützung von außen zu sichern oder Erfolge zu erzielen.

Ein Teil würde auch behaupten, dass unsere Misserfolge auf schlechte Führung zurückgehen. Es ist sicherlich wahr, dass es schlechte Führungspersönlichkeiten gegeben hat, aber es ist sicher nicht plausibel zu behaupten, dass all die Personen, die in mehr als hundert Jahren Führungspositionen innerhalb der Volksgruppe innehatten, inkompetent waren.

Für ein weiteres beliebtes Argument wird die Bevölkerungsgröße und das, was man als solide Fakten bezeichnet, herangezogen. Es basiert auf der Annahme, dass die Zahl der Assyrer, insbesondere nach dem Völkermord von 1915, so gering gewesen ist, dass sie einen Fortschritt verhindert hat. Wenn aber die Bevölkerungsanzahl eine entscheidende Rolle in einem Befreiungskampf spielt, hätte der Staat Israel nicht ausgerufen werden können. Die Juden machten nur rund dreißig Prozent der Bevölkerung im Land zum Zeitpunkt der Unabhängigkeit aus. Umgekehrt müsste ein kurdischer Staat in den südöstlichen Teilen der Türkei, in denen die Kurden die Mehrheit bilden, seit mehreren Jahrzehnten existieren.

Tatsächlich kann unsere Situation zu Beginn des 20. Jahrhunderts als weit besser beschrieben werden im Vergleich zu der Situation anderer Volksgruppen. Die Assyrer hatten in Assyrien laut Schätzungen aus dieser Zeit von verschiedenen Missionaren, Diplomaten und Repräsentanten eine Bevölkerung von mehr als einer viertel Million Menschen. Sie verfügten darüber hinaus sowohl über Waffen als auch über eigene Streitkräfte. Im selben Zeitraum gab es nur rund siebzigtausend Juden im damaligen Israel, die damit weniger als zehn Prozent der Bevölkerung ausmachten. Es gab auch kaum bewaffnete jüdische Streitkräfte oder einen nennenswerten Grundbesitz. Die zionistische Bewegung brauchte mehr als drei Jahrzehnte harte Arbeit, um zu ähnlichen strategischen Kraftverhältnissen auf dem Boden zu gelangen, wie sie die Assyrer schon am Ende des Ersten Weltkriegs vorfanden.

Die Briten als Schuldige auszumachen, ist bis heute sehr beliebt bei den assyrischen Nationalisten. Die Briten seien es gewesen, die mittels eines faulen Tricks für eine verstärkte interne Zersplitterung sorgten, sodass die Assyrien-Frage während der Friedenskonferenzen marginalisiert wurde, und die assyrische Führungsfiguren manipulierten. Es ist wahrscheinlich, dass sich die Briten all dessen schuldig gemacht haben. Sie arbeiteten für ihre eigenen Interessen, die nicht immer mit unseren übereinstimmten. Aber auch andere nationalistische Bewegungen sind auf diese Art von Widerstand und Manipulationen gestoßen. Die Briten versuchten, die jüdische Emigration nach Israel zu begrenzen und auf unterschiedliche Art den Prozess, für den sich die zionistische Bewegung einsetzte, hinauszuzögern. Den Kurden wurde nach dem Ersten Weltkrieg zuerst ihre eigene Autonomie versprochen, sie mussten aber schon bald sehen, wie sie von den Großmächten geopfert wurden. Während Juden und Kurden ihre Sache seit diesen Rückschlägen beträchtlich vorangebracht haben, sind die Assyrer konstant auf dem Rückzug.

Ein Teil mag behaupten, dass unsere Rückschläge auf einer Kombination verschiedener Faktoren und nicht nur auf einem einzigen Faktor beruhen. Auch dieses Argument wird durch fehlende inhärente Logik entkräftet. Pech in einer Reihe von Aspekten und in bestimmten Situationen zu haben, ist durchaus denkbar, dass aber eine ganze Nation während eines ganzen Jahrhunderts ständig und bei all ihren Vorhaben Pech hat, ist wenig wahrscheinlich.

Es liegt daher näher, all diese Argumente als Entschuldigungen oder Vorwände zu betrachten. Wir suchen den Grund für unseren ständigen Niedergang außerhalb von uns selbst und laden die Schuld vor allem auf andere ab. Wir haben uns selten die Frage gestellt, ob es interne Ursachen für unsere unablässigen Rückschritte gibt. Der allgemeine Diskurs innerhalb der Volksgruppe hat daher seit Jahrzehnten die Aufmerksamkeit von dem eigentlichen Bösewicht in diesem Drama abgelenkt.

Kollektive Opfermentalität

Seit langem ist innerhalb der Psychologie bekannt, dass Individuen eine Opfermentalität entwickeln können. Erst in neuerer Zeit haben Forscher feststellen können, dass es einen ähnlichen mentalen Zustand auch bei Gruppen von Individuen geben kann, beispielsweise bei einer Ethnie, als Reaktion auf ein oder mehrere Traumata, dem oder denen diese Volksgruppe ausgesetzt war. Es beginnt damit, dass die Gruppe ein Massaker, einen Völkermord oder ein anderes einzelnes Ereignis oder eine Serie von Ereignissen erleidet, die als ungerecht und unmoralisch erlebt werden. Damit sich eine kollektive Opfermentalität herausbilden kann, ist es nicht notwendig, dass alle Mitglieder des Kollektivs physische Opfer des Ereignisses werden. Es reicht aus, dass die Gruppenmitglieder wissen, dass ein Teil des Kollektivs Opfer geworden ist, um das Ereignis als Angriff oder als eine Gefahr gegen sich selbst durch ihre nahe Verbindung zur Gruppe zu empfinden. Auch eine systematische politische Unterdrückung und Diskriminierung kann bei einer Gruppe ein Trauma auslösen.

Die Art der kollektiven Opfermentalität, die Gruppen entwickeln, kann sich auf verschiedene Weise ausdrücken. Zu den gewöhnlichen Symptomen zählen, dass die Gruppe weniger Sympathie gegenüber dem Leiden anderer zeigt, dass sie es, angesichts des Unrechts, das ihr widerfahren ist, als gerechtfertigt ansieht, sich zu rächen, und dass sie sich immer als Opfer sieht, selbst wenn die Gruppe tatsächlich der Täter ist. Dem israelischen Forscher in politischer Psychologie Daniel Bar-Tal zufolge haben Serben, Polen, Juden und viele andere Volksgruppen verschiedene Formen kollektiver Opfermentalität als Folge von Ereignissen in ihrer Vergangenheit entwickelt.

Die Forscher meinen, dass Gruppen wichtige Erfahrungen,

insbesondere lang andauerndes Leid, in ihrem kollektiven Gedächtnis kodieren. Dieses kollektive Gedächtnis kann für Generationen das Gefühl aufrechterhalten, Opfer zu sein. Haben neue Generationen nicht die Möglichkeit, den Gefühlen früherer Hilflosigkeit entgegenzuwirken, werden die Mitglieder der Gruppe durch die mentale Repräsentation der Katastrophe weiter zusammengeschweißt. Statt dass das Selbstvertrauen der Gruppe gestärkt wird, hält das mentale Bild der schrecklichen Ereignisse die Gruppe in einem unablässigen Gefühl von Hilflosigkeit gefangen. Die Forschung drückt dies so aus, dass die Mitglieder der Gruppe „unter einem großen Zelt der Opferschaft" leben. Der Fokus des gesamten Kollektivs wird ständig auf die früheren Erfahrungen von Opferschaft gelenkt, bis zu dem Grad, dass die Identität des gesamten Kollektivs darum kreist, Opfer zu sein. Das Gefühl und das Gedächtnis der Opferschaft werden in der Kultur aufrechterhalten und durch unterschiedliche Verhaltensmuster an neue Generationen weitergegeben. Gruppen, die an kollektiver Opfermentalität leiden, entwickeln oftmals Gefühle von Hilflosigkeit, Demütigung, Kontrollverlust und Misstrauen gegenüber der gegnerischen Gruppe und der Umgebung im Allgemeinen. Ein häufiger Bestandteil ist auch die Festigung einer gemeinsamen Überzeugung davon, dass die Gruppe wenig oder gar nichts ausrichten kann, um ihre Situation zu ändern; dies wiederum kann dazu führen, dass das Kollektiv in eine Art Apathie fällt.

Symptome und Wirkungen bei den Assyrern

Ausgestattet mit grundlegenden Kenntnissen über die kollektive Opfermentalität, können wir nun den Blick auf uns selbst richten und unsere neuere Geschichte und gegenwärtige Situation neu betrachten. Ist es möglich, Symptome von Opfermentalität beim assyrischen Kollektiv wiederzuerkennen?

Der Wissenschaft zufolge entwickelt das betroffene Kollektiv ein tiefes Misstrauen gegenüber der Gruppe, die das Trauma verursacht hat. Eine bis in unsere heutige Zeit weit bekannte Redewendung der Assyrer lautet: „Wenn du von einem Muslim einen Apfel bekommst, mache ein Loch in deine Tasche, sodass der Apfel herausfällt." Die Ermahnung ist also, dass der Assyrer dem Muslim in allen Lagen und Situationen misstrauen soll und niemals einem Einzelnen mit besagtem Hintergrund vertrauen darf. Das Sprichwort ist ein Beispiel für eines der häufigsten Symptome von kollektiver Opfermentalität.

Ein anderes stark hervorstechendes Symptom bei Assyrern ist das kollektive Gefühl der Machtlosigkeit. Sie durchdringt die gesamte Kultur und ist die vorherrschende Einstellung. Ein deutliches Beispiel hierfür ist, dass die Assyrer einzig darauf bedacht waren, desperate Hilferufe an die Umwelt zu senden. Für viele von uns ist genau das die eigentliche Aufgabe einer Organisation und der Grund dafür, warum man sich überhaupt organisieren soll. Das Gefühl, nicht in der Lage zu sein, selbst eine Veränderung herbeizuführen, ist so vorherrschend und selbstverständlich, dass wir dies nicht einmal als ein Problem zu sehen scheinen. Wir haben in unserer modernen Geschichte durchgehend Hilfslosigkeit, Demütigung, Kontrollverlust und Misstrauen gegenüber der Gegenseite zum Ausdruck gebracht. Vor allem sind wir tief davon überzeugt, dass es nichts oder wenig gibt, was wir selbst tun könnten, um unsere Situation zu verändern. Die Beschreibung der kollektiven Opfermentalität passt damit zu einigen der Eigenheiten bei uns Assyrern und insbesondere zu unserem kollektiven Handeln im Laufe unserer modernen Geschichte, einer Geschichte, die wir nun aus dieser neuen Perspektive betrachten und neu bewerten können.

Der spezielle psychologische Zustand drückt sich in Form von verschiedenen allgemeinen Verhaltensmustern bei uns aus. Man kann die Wirkungen auf vier Verhaltensweisen herunterbrechen, die wir als Realitätsflucht (Eskapismus), Unterwerfung, Mangel an Eigenverantwortlichkeit und Apathie bezeichnen können. Jeder einzelne dieser Effekte wird über die Zeit aufrechterhalten, indem er sich in Form unbewusster Verhaltensmuster manifestiert. Dabei überlappen die Wirkungen einander und sind veränderlich. Das heißt, dass ein und dieselbe Person oder Familie eines oder mehrere dieser Verhaltensmuster zur gleichen Zeit aufweisen kann. Individuen können andererseits auch das in ihrer Umgebung herrschende Muster durchbrechen und einem Verhalten, das von den übrigen Nahestehenden aufrechterhalten wird, nicht folgen.

Assyrer in einer bestimmten Gemeinschaft, beispielsweise in einem Dorf oder einer Kirchengruppe, können von einem Verhaltensmuster mehr oder weniger als von einem anderen zeigen. Die Unterschiede lassen sich meistens auf spezielle Bedingungen und Ereignisse zurückführen, die gerade diese Gruppe als ein eigenes kollektives Gedächtnis mit sich trägt.

Realitätsflucht

Wenn in einer bedrängten und verzweifelten Situation das Gefühl totaler Hilflosigkeit alles andere überschattet, bleibt oft nichts anderes übrig, als sich an höhere Mächte zu wenden. Religion kann die mentale Flucht vor einer grausamen Wirklichkeit anbieten, angesichts deren man sich machtlos fühlt. Bei Assyrern ist diese mentale Flucht in die Religion weit verbreitet und als ein weit verbreitetes Verhalten institutionalisiert worden. Wer mit assyrischer Tradition und den sozialen Mustern der Volksgruppe vertraut ist, weiß von der unerhört zentralen Rolle der Kirchen und deren Macht über ihre Anhänger. Es gibt weitaus mehr Assyrer, die sich zur Kirche wenden und diese unterstützen, als solche, die zivile oder politische Organisationen unterstützen. Diese Kirchenanhänger sehen in der Kirche viel mehr als nur eine religiöse Institution. Es lässt sich sogar behaupten, dass sie die Kirche als den einzigen Garanten für das Überleben des Kollektivs ansehen. Sie engagieren sich daher nicht für die nationale Bewegung und identifizieren sich auch nicht mit dieser. Assyrisches Christentum hat die Tendenz, dieses dieser Gruppe so eigene Verhalten noch zu verstärken. Christentum im Allgemeinen und assyrisches Christentum im Besonderen gehen Hand in Hand mit der kollektiven Opfermentalität, die sich bei den Assyrern herausgebildet hat. Sie verstärkt das Gefühl von Hilflosigkeit und bejaht die Opferrolle der Volksgruppe. Die assyrischen Kirchen haben eine Sicht auf sich selbst als Märtyrerkirchen gefestigt, und die Symbolik rund um die Märtyrer und den Tod der Märtyrer ist traditionell insbesondere innerhalb des assyrisch-orthodoxen Christentums ein herausragendes Merkmal.

Armenier, Russen und Griechen, die ebenfalls orthodox sind, haben eine andere Form des Christentums entwickelt, die dazu geführt hat, dass sich ihre Kirchen im Gegenteil oftmals für ihren nationalen Kampf eingesetzt haben.

Unterwerfung

In der assyrischen Psyche ist es wichtig, den Machthabern, wer immer diese auch sein mögen, Unterwürfigkeit zu signalisieren. In der Türkei wurden Porträts von Ataturk an die Wand gehängt, in Syrien von Al-Assad und im Irak von Saddam und später Barzani oder Talabani. In der Diaspora wie zum Beispiel Schweden war es stattdessen das Porträt des schwedischen Königs, das bei den neu angekommenen Assyrern prominent im Wohnzimmer hing. Viele legten auch eine übertriebene Loyalität gegenüber dem Regime von Saddam und der Diktatur in Syrien an den Tag. Und recht viele Assyrer haben einen syrischen oder irakischen Patriotismus übernommen und sehen sich nur als syrische oder irakische Christen und legen einen übertriebenen Stolz auf diese aufgezwungenen Identitäten an den Tag. Die angeführten Beispiele illustrieren die seit Jahrhunderten tief verwurzelte Unterwerfungsmentalität, die zu einem festen unterbewussten Verhaltensmuster geworden ist. Die meisten Assyrer zeigen eine passive Form der Unterwürfigkeit, das heißt, sie akzeptieren ganz einfach die nicht assyrische Übermacht und lernen damit zu leben. Hiermit sind Assyrer gemeint, die das Verhaltensmuster der Unterwürfigkeit auf eine neue Ebene gehoben haben. Wer sich mit assyrischer Politik beschäftigt, dem wird nicht das Phänomen entgangen sein, dass viele Assyrer mit Mächten zusammenarbeiten oder sich diesen völlig unterwerfen, welche uns unterdrückt haben und weiterhin unterdrücken. Innerhalb der Volksgruppe wimmelt es von einzelnen Individuen, Gruppen und Organisationen, die sich völlig dem Unterdrücker unterworfen haben und gegen die Interessen des eigenen nationalen Kampfes wirken. Für einen beträchtlichen Anteil Assyrer erscheint es nur natürlich, sich dem zu unterwerfen, was als Übermacht betrachtet wird. Das ständig präsente Gefühl der Hilflosigkeit, die durch die kollektive Opfermentalität innerhalb der Volksgruppe dauerhaft untermauert wurde, hat dazu geführt, dass viele das Heil bei anderen suchen, und sei es bei ihren Unterdrückern.

Die Assyrer, die im Grunde ihre Nation verraten und ihrem Feind dienen, sehen sich selbst nicht notwendigerweise als Verräter. Viele haben eine Auffassung von sich selbst, dass sie eigentlich der Existenz ihres Volkes dienen, indem sie sich der Übermacht unterwerfen, eine Unterwerfung, die sie oftmals hinter der euphemistischen Wendung „notwendige Zusammenarbeit" verstecken.

Mangel an Eigenverantwortlichkeit

Durch die Opfermentalität, die uns seit Jahrhunderten beherrscht, ist die assyrische Bewegung der Eigenverantwortlichkeit beraubt worden. Das Gefühl der Eigenmächtigkeit drückt sich darin aus, Kontrolle über die eigene Situation zu haben und die Möglichkeit einer Veränderung zu sehen. Die assyrische nationale Bewegung hat, statt Eigenverantwortlichkeit zu zeigen, sich auf das zurückgezogen, was sich am besten als deren Gegensatz beschreiben lässt: der Glaube an eine Rettung von außen. Ihre Anstrengungen haben sich im Großen und Ganzen darauf beschränkt, zu versuchen, Übergriffe auf die Volksgruppe zu dokumentieren und nach Hilfe zu rufen. In der assyrischen Psyche ist dies der einzige plausible Grund, sich überhaupt zu organisieren. Sich zusammenzutun, um sich selbst zu helfen, wird als aussichtslos und geradezu dumm angesehen. Diese Einstellung legt das zugrundeliegende Gefühl von Hilflosigkeit bloß und die Überzeugung, dass wir selbst nichts ausrichten können, um unsere Situation zu beeinflussen. Was dann noch bleibt, ist also nach Hilfe zu rufen – was wir nun seit über hundert Jahren gemacht haben. Dieses Verhalten durchdringt die gesamte Bewegung und ihre Einstellung.

Wenn eine Gruppe etwas will, sich gleichzeitig aber absolut nicht in der Lage sieht, aus eigenen Stücken zu ihrem Ziel zu gelangen, liegt es nahe, nach jedem Strohhalm zu greifen, und, wenn es sein muss, auf eine höhere Macht zu hoffen, die zu dem Gewünschten führt. Dies erklärt, warum es in assyrischen Kreisen so beliebt ist, auf Passagen im Alten Testament als Nachweis für ein göttliches Versprechen zu verweisen, dass Assyrien wiederauferstehen wird. Wenig verwundert sehen wir, dass die nationale Bewegung trotz eines Jahrhunderts der Anstrengungen schwach geblieben und handlungsunfähig ist und zu keinen Ergebnissen gelangen konnte.

Ein Blick auf die assyrische Bewegung in der Diaspora während der letzten Jahrhunderte gibt weitere Hinweise. In der Diaspora ist ein konstanter Zufluss neuer Kräfte in Form Hunderttausender neuemigrierter Assyrer, totaler Handlungsfreiheit, finanzieller Unterstützung für Aktivitäten und eines im Allgemeinen wohlwollenden und stabilen Umfelds in den demokratischen Wirtsnationen zu verzeichnen. Eine Bewegung, die in den Genuss solcher günstigen Bedingungen kommt, sollte normalerweise aufblühen und gedeihen. Stattdessen sehen wir, dass das assyrische Organisationsleben in der Diaspora einer welkenden Blume ähnelt, wie viel Nahrung auch immer ihr zugeführt wird. Ein Teil wird behaupten, dass die Assimilation ihren Tribut fordert und dass sich auch bei anderen Gruppen in der Diaspora eine ähnlich negative Entwicklung zeigt. Aber die armenischen, jüdischen und kurdischen Bewegungen in der Diaspora zeichnen sich sämtlich durch mehr Vitalität, größeres Engagement und mehr organisatorische Kraft aus als die assyrische. Der Vergleich hilft, noch einmal zu verdeutlichen, dass sich das Problem der Assyrer nicht durch faktische Umstände erklären lässt, sondern durch den allgemein hemmenden Effekt, der allgegenwärtig von der kollektiven Opfermentalität ausgeht.

Apathie

Apathie ist die mentale Endstation für all jene Assyrer, die in ihrem Leben die Phasen der Unterwerfung, Realitätsflucht und Mangel an Eigenverantwortlichkeit durchlaufen haben. Sie äußert sich in Form einer allgemeinen Gleichgültigkeit und einer unterbewussten Distanzierung von allem, was nach Politik riecht. Apathie bedeutet, dass Individuen, Familien und ganze Gruppen eine mehr oder weniger totale Gleichgültigkeit gegenüber der Situation des Kollektivs empfinden. Individuen fühlen sich nicht von der Arbeit in einer Organisation angezogen und halten sich fern von Vereinen, Kirchen, Verbänden, Parteien und anderen gemeinschaftlichen Zusammenhängen. In einigen Fällen ist es ein deutlich ausgesprochenes und bewusst gewähltes Handeln, bei den meisten handelt es sich jedoch um ein unterbewusstes Verhalten. Individuen wachsen in einer Familie, einer Verwandtschaft, einem Dorf, einer Kirche oder in einem anderen Umfeld auf, das keine Bezugspunkte zu der eigenen Volksgruppe, zu nationalen Symbolen, Politik, organisierter Arbeit und in vielen Fällen auch nicht zur assyrischen Sprache hat. Es etabliert sich die Auffassung, dass so etwas nicht relevant oder wünschenswert ist, und diese wird so auf natürliche Weise von den Kindern übernommen. Nach einigen Generationen hält die Verwandtschaft oder die Familie diese Einstellung aufrecht, ohne dass jemand sich darüber Gedanken macht.

Natürlich kann man nicht erwarten, dass alle Individuen einer Volksgruppe gesellschaftliches Engagement zeigen, auch ohne direkt an kollektiver Opfermentalität zu leiden. Im Fall der Assyrer kann man jedoch deutlich sehen, dass dieses Verhalten ausgeprägter ist und über das hinausgeht, was als ein natürliches Element innerhalb aller Bevölkerungsgruppe betrachtet werden kann. Dieses verbreitete Verhalten erklärt, warum eine große Zahl Assyrer auch in der Diaspora, in der totale Freiheit herrscht, kein Engagement für das assyrische Gesellschaftsleben sowie für die Gemeinschaft außerhalb der eigenen Gruppe zeigt.

Die sich selbst erfüllende Prophezeiung

Apathie, Realitätsflucht, Unterwerfung und Mangel an Eigenverantwortlichkeit wirken sich zusammen äußerst hemmend auf die assyrische Volksgruppe im Ganzen und auf deren nationale Bewegung im Besonderen aus. Die Apathie hält viele fern von der nationalen Bewegung, während die Realitätsflucht andere mit den ihnen innewohnenden Ressourcen in die Arme der Kirchen treibt. Die Unterwerfung vor Feinden führt eine dritte Kategorie dazu, den Interessen der eigenen Volksgruppe entgegenzuwirken. Und schließlich hält der Mangel an Eigenverantwortlichkeit jene kleine Menge an Assyrern, die sich in der nationalen Bewegung engagieren, gefesselt in der Machtlosigkeit und dem Unvermögen, zu Erfolgen zu gelangen.

Zusammen haben diese Wirkungen einen fünften Effekt in Form einer sich selbst erfüllenden Prophezeiung. Wenn die Assyrer, die sich in einem Zustand der Apathie, Realitätsflucht, Unterwerfung und mangelnder Eigenverantwortlichkeit befinden, ein ums andere Mal Zeuge des Unvermögens der nationalen Bewegung werden, werden sie noch mehr überzeugt davon sein, dass die Volksgruppe hilflos ist – und versinken daher noch tiefer in ihre Verhaltensmuster. Am Ende steht eine sukzessiv schwächer werdende nationale Bewegung mit wachsendem Mangel an neuen Ressourcen und einem wachsenden Unvermögen, Resultate zu liefern, was wiederum die Apathie, Realitätsflucht, Unterwerfung und den Mangel an Eigenverantwortlichkeit befeuert. Die Summe der von der kollektiven Opfermentalität erzeugten Effekte hält die Volksgruppe von der nationalen Bewegung fern und diese damit von möglichen Erfolgen ab.

Die kollektive Opfermentalität erreicht also am Ende einen sich selbst versorgenden Zustand, indem sie Verhaltensmuster aufrechterhält, von denen sie weiter genährt und verstärkt wird. Das Ganze lässt sich als eine destruktive Entwicklungsspirale beschreiben, in der die Opfer ihrer endgültigen Auflösung entgegengetrieben werden. Aus dieser Perspektive gesehen befindet sich das assyrische Kollektiv seit langem in einem Todeskampf, der immer schneller fortschreitet.

Übersehene Erkenntnisse

Die beiden Führungspersönlichkeiten Ashur Yousuf und Gabriel Afram, durch ein Jahrhundert voneinander getrennt, versuchten beide auf den besonderen Zustand der Assyrer aufmerksam zu machen. Sie sind jedoch bei weitem nicht die einzigen, die indirekte Beschreibungen der Effekte der psychologischen Krankheit hinterlassen haben. Schon früh ist der Mangel an Eigenverantwortlichkeit von verschiedener Seite als die Achillesferse bei den Assyrern identifiziert worden.

1972 schrieb der assyrische Denker David P. Perley nach vielen Jahren des Engagements in der nationalen Bewegung: „Diese grausame nationale Erfahrung stellt eine unbestrittene nüchterne Lektion für die Assyrer dar: entwickelt das höchste Maß an Selbstvertrauen! Das ist das Einzige, das zur Befreiung der Nation führen kann – einzig und allein!" Der Assyrer George K. Odishoo schrieb: „Sollen wir führen oder geführt werden? Das ist eine Frage, die nur du beantworten kannst. Die Zukunft unseres Volkes und unserer Welt kann sehr wohl von deiner Antwort abhängen."

Ein anderer, weniger beachteter assyrischer Intellektueller ist Jacques Gorek, der sich in Paris für die assyrische Frage während des Ersten Weltkriegs einsetzte und dessen Texte 2015 unter dem Titel *J. Gorek von Karboran* erschienen. Einer dieser Texte trägt die Überschrift *Wenn wir Assyrien nicht mit unseren eigenen Händen bauen, wird Assyrien niemals Wirklichkeit sein* und wurde in der französischsprachigen assyrischen Zeitschrift *L'action*, die zu jener Zeit in Beirut herausgegen wurde, veröffentlicht:

> Was forden wir? -Ein [Assyrien]! Und ihr erwartet, dass die Schultermächte euch dies zum Geschenk geben, dass sie kommen, um euch auf den Thron von Salmanasar und Assur-nasirpal zu setzen! [...] Lasst uns nicht damit rechnen, glaubt mir, es wäre verlorene

Zeit. Während wir hadern, arbeitet alles gegen uns:
die Zeit, die Mächte, die Nachbarn. Jede Minute, die
verstreicht, nimmt uns eine unserer Hoffnungen und
mehr als eine Möglichkeit [...] Werden wir einst als
Helden angesehen werden nur für eine fremde Sache? Nicht für uns selbst, für die Sache [der Assyrer]?
Keine Initiative? Keine Energie? Soll die orientalische Trägheit ihren Tribut fordern? Werden all unsere
Aufopferungen, das edelste und reinste Blut unserer
Kinder, vergeblich gewesen sein? Noch einmal: lasst
uns mit uns selbst rechnen, lasst uns nur mit unserer
eigenen und mit der Rettung [Assyriens] durch uns
selbst rechnen [...]. [6]

Im selben Text macht Gorek auf die Apathie der Assyrer aufmerksam:

Wir liegen abgeschlagen hinter den Armeniern,
Georgiern und sogar den Tataren in Aserbaidschan!
Und dennoch hat es nie gerechtere und legitimere
Bestrebungen als die unseren gegeben. Wann werden
wir uns dazu entschließen zu handeln? Wann werden
wir uns dazu entschließen, die verlorene Zeit wieder
einzuholen? [...] Welche Kraft bei den Armeniern
und welche Unentschlossenheit bei uns! Wann werden wir unsere Apathie überwinden? Wann werden
wir uns den Staub abklopfen? Die Zeit läuft und
kann nicht wiedergewonnen werden, und wir stehen
mit gekreuzten Armen über der Brust und geben uns
damit zufrieden, zuweilen einen Text nach links, einen anderen Text nach rechts und eine Erwiderung
an irgendeinen Journalisten auf der Jagd nach Lob
und Ehre zu geben. Das ist nicht die Art, wie man
Staaten gründet. [7]

Gorek hatte nicht nur den Zynismus in der Weltpolitik durch-
schaut, sondern war gleichzeitig zu der Einsicht gelangt, dass

niemand zu unserer Rettung kommen wird. Zu seinen Lebzeiten gab es noch keine Erkenntnisse über eine kollektive Opfermentalität, und daher fragt er seine Landsleute: „Keine Initiative? Keine Energie? Soll die orientalische Trägheit ihren Tribut fordern?“ Heute wissen wir, dass es nicht die orientalische Trägheit war, die die Assyrer zurückhielt, sondern etwas weitaus Ernsteres und Komplexes. Die mentale Einstellung, die uns zurückhielt, manifestierte sich in der Antwort, die Gorek von den Redakteuren der Zeitung erhielt und in der unter anderem stand:

> Im Grunde teilen wir die Meinung Herrn Goreks, und wenn die Dinge, die er so gut formuliert, durchführbar wären, würden wir genau seiner Meinung sein. Da haben wir unsere Meinungsverschiedenheit. [...] Ach, dass Frankreich auch so weit weg ist! [...] Ist es nicht so, Herr Gorek, dass wir uns zwischen Hammer und Amboss befinden und dass immer das Recht des Stärkeren gilt? [8]

Goreks Brandrede gegen unsere kollektive Opfermentalität wurde mit den väterlichen Versicherungen begegnet, dass diese Art des Denkens ein Irrglauben ist und dass Assyrer, die denken, dass die Gruppe selbst ihre Situation ändern könne, unrealistisch sind. Die Redakteure drückten eine Einstellung aus, die typisch ist für jene, die das Gefühl haben, keine Eigenverantwortlichkeit zu haben. Dieser Meinungsaustausch zwischen Assyrern im Jahr 1920 ist ein deutliches Beispiel für die psychologische Krankheit und wie diese die Assyrer bereits damals im Griff hatte. Statt den Fokus auf die unzähligen Beispiele in der Geschichte zu legen, in denen Volksgruppen selbst aufgestanden sind, entschieden sich die Redakteure, genau wie die große Mehrheit der Assyrer, den Gegensatz hervorzuheben und damit in der Position zwischen Hammer und Amboss zu verbleiben, einer Situation, in der wir uns noch immer befinden.

Warum und wann haben wir die Opfermentalität entwickelt?

Mitte des 19. Jahrhunderts, nur Jahrzehnte bevor die Assyrer den Nationalismus anzunehmen begannen, zog der amerikanische Missionar Henry Lobdell außerhalb der Stadt Arbela (heute Erbil) in Assyrien von Dorf zu Dorf. In seinen Berichten findet sich unter anderem folgende Beobachtung:

> Es gibt hier etwa fünfzig [assyrische] Familien, die wie Sklaven gekauft und verkauft werden. Jeder Kurde im Dorf, jung oder alt, hat eine bestimmte Anzahl dieser Christen zu seiner Verfügung. Er kann das Obst von deren Bäumen nehmen, Milch von ihren Ziegen, Schafe und Kühe, Joghurt, Butter, Eier und so weiter aus ihrem eigenen Heim, das Geld aus ihren Taschen ziehen und sie nach Lust und Laune verprügeln. Wenn er will, kann er seine Rechte an ihnen verkaufen, sie berauben und zu einem anderen Kurden prügeln. Das ist nicht nur wie Sklaverei, sondern es ist de facto Sklaverei. [...] Diese [Assyrer] hatten Angst, uns nahe zu kommen, wenn die Kurden in der Nähe waren, aus Furcht, von diesen, wenn nicht Schlimmeres, geschlagen zu werden, wenn wir wieder gegangen waren. Ich bin selbst Zeuge dieses Prügelprozesses geworden. Die Kurden nannten ihren Sklaven Hund. [...] Sie [die Assyrer] haben keine Schule und nur einen kleinen Teil der Bibel. [9]

Andere Zeugenberichte über die prekäre Situation der Assyrer gibt es von einer Reihe von Missionaren und westlichen Diplomaten. Eine besonders perfide Form der Unterjochung des assyrischen Volkes durch einige kurdische Clans war die systematische sexuelle Ausbeutung von assyrischen Mädchen und Frauen. Besonders erwähnenswert ist hier das angebliche „Recht der ersten Nacht" (Ius primae noctis). Das kurdische Clanoberhaupt erzwang mit diesem menschenverachtenden Brauch bei assyrischen Vermählungen, die erste Nacht mit der assyrischen Braut verbringen zu dürfen. Später wurde dieser Brauch durch eine Sondersteuer abgelöst. Verfügten die Angehörigen der Braut oder des Bräutigams über genügend finanzielle Mittel, so konnten sie diese Vergewaltigung durch eine Zahlung abwenden. Der rumänisch-jüdische Kaufmann und Weltreisende Israel Joseph Benjamin hat diese gegen die Assyrer und Juden gerichtete sexuelle Ausbeutung in seinem 1858 publiziertem Buch „*Eight years in Asia and Africa from 1846 to 1855*" dokumentiert. Vielen Berichten ist die Beschreibung einer Bevölkerung gemeinsam, die in Elend und Ausgeliefertsein unterschiedlichen Grades lebt. Mit Ausnahme der streitbaren Assyrer in der unzugänglichen Bergregion Hakkari begegnet uns eine Bevölkerung, die im Grunde als machtloses Opfer ständiger Übergriffe, Attacken und Massaker beschrieben wird.

Was diese Beobachtungen zeigen, ist, dass wir bereits vor dem Aufkommen der assyrischen Bewegung an einer kollektiven Opfermentalität litten. Das bedeutet, dass die auslösenden Faktoren für das Leiden weiter zurück in der Vergangenheit gesucht werden müssen.

Der letzte Zeitraum in der Geschichte, in dem die Assyrer Handlungskraft und Vorwärtsstreben bewiesen, reicht von etwa dem 7. Jahrhundert bis ungefähr ins 12. Jahrhundert nach Christus. In dieser Epoche erlebte die Volksgruppe eine Renaissance und organisierte eine missionarische Tätigkeit, die bis nach China und Japan reichte. Das bedeutet, dass die Entwicklung einer kollektiven Opfermentalität irgendwann nach dieser Blütezeit begonnen haben muss.

Und sehr wohl lässt sich ein Zeitraum von ungefähr fünfhundert Jahren identifizieren, der von schweren Verfolgungen und umfassenden Massakern gekennzeichnet ist. Er beginnt mit den

Verfolgungen durch die arabischen Herrscher im 9. Jahrhundert, gefolgt von den gewaltsamen türkischen und kurdischen Invasionen und endet schließlich mit den Verheerungen durch die Mongolen und Timur Lenks rücksichtslosem Massaker Ende des 14. Jahrhunderts als Höhepunkt. Es war eine äußerst unruhige Zeit mit zahlreichen Massenmorden und Angriffen, die tiefe Traumata hervorriefen. Unter dem Druck dieser aufeinanderfolgenden Rückschläge kollabierte am Ende die Missionstätigkeit der Assyrer völlig. Sowohl die Kirchen als auch die Volksgruppe als Ganzes verschwanden in Dunkelheit und Stille. Der Historiker Hirmis Aboona schreibt:

> Nach 1295 wurde die [assyrische] Kirche des Ostens allmählich nur noch zu einem Schatten ihrer einstmals so ruhmreichen Vergangenheit. Ihr starker Rückgang lässt sich Anfang des 15. Jahrhunderts erkennen, als sie nicht einmal mehr in der Lage war, einen Kirchenrat zusammenzurufen, um einen neuen Patriarchen zu wählen, da sie damals nur einen Metropoliten hatte, der einigen wenigen Orten in deren ursprünglichem Heimatland diente, die die katastrophalen Ereignisse, insbesondere die Schlachten von Timur Lenk, überlebt hatten. [10]

Die assyrischen Kirchen, die millionenfache Anhänger zählten, sind nahezu ausgelöscht worden. Die letzte assyrische Blütezeit war an ihr Ende gekommen. Wenn wir unseren Vorvätern über Abendländer wie Henry Lobdell einige Jahrhunderte später begegnen, treffen wir daher auf ein Kollektiv in tiefer Unterwürfigkeit und Hilflosigkeit.

Auch wenn es viele ethnische Gruppen gibt, die Massaker und Angriffe im Laufe der Geschichte erleben mussten, ist es fraglich, ob es ein anderes Beispiel für eine Volksgruppe gibt, die einem so langen und andauernden Terror ausgesetzt war wie die Assyrer.

Der Umfang, die Intensität und der lange Zeitraum sind nahezu einzigartig und dies erklärt möglicherweise, warum die Assyrer deutlich tiefer in eine Opfermentalität versanken als beispielsweise die Armenier und andere Völker.

III

Wille ohne Eigenverantwortlichkeit

Der Assyrismus kam während einer äußerst turbulenten Periode in unserer Geschichte auf. Die Nationalbewegung hatte die denkbar schlechtesten Voraussetzungen und war nicht auf die Prüfungen vorbereitet, vor die sie gestellt werden sollte. Zum größten Teil beruhte dies darauf, dass die Wirkungen der kollektiven Opfermentalität das assyrische Volk in einem unerbittlichen Klammergriff hielten.

Der geerbte Fluch

Die assyrische Bewegung wurde gegen Ende des 19. Jahrhunderts durch Intellektuelle wie Ashour Yousuf und andere ins Leben gerufen, zu einem Zeitpunkt also, als sich die Volksgruppe in einem Zustand der Ohnmacht befand. Die Assyrer wurden seit Jahrhunderten unterjocht, von einem Volkswillen konnte keine Rede sein. Die frühen Führer mussten daher in ständigem Gegenwind arbeiten. Yousufs Beschreibung der Gründe für unseren Niedergang zeugt von seiner Frustration und dem bereits damals deutlich spürbaren Mangel an Widerstandswillen. Ihm war nicht bewusst, dass auf der Bewegung, für deren Aufblühen er kämpfte, der schwere Fluch in Form mangelnder Eigenverantwortlichkeit lastete. Und so ist es kein Zufall, dass assyrische Führungspersönlichkeiten wie Gabriel Afram ein Jahrhundert später dieselbe Frustration über das Unvermögen der

Bewegung, zu Fortschritten zu gelangen, ausdrückten. Weder Ashur Yousuf noch Gabriel Afram hatten einen Begriff von der kollektiven Opfermentalität und kämpften daher damit, hundert Jahre voneinander getrennt, dieselbe Frustration in Worte zu kleiden und auf mögliche Ursachen zu verweisen.

Die assyrische Bewegung konnte den Auswirkungen einer kollektiven Opfermentalität nicht entkommen, da sich diese schlicht in einer Volksgruppe manifestierte, die unter den Wirkungen einer, in der Praxis, psychologischen Krankheit litt. Die Bewegung war somit dazu verdammt, selbst von den Wirkungen dieser Krankheit geformt zu werden und sich diesen zu beugen. Ihr faktisches Versagen, das nach mehr als hundert Jahren ergebnislosen Strebens wohl niemand abstreiten kann, war also ein vorherbestimmtes Ergebnis.

Trauma und Völkermord

Die Ausmaße all der an den Assyrern verübten Massaker und Übergriffe sind so gewaltig, dass es nahezu unmöglich ist, sie sich in Wirklichkeit vorzustellen. Selbst wenn man nicht allzu weit in die Geschichte zurückblickt, fällt es schwer, sich einen Begriff davon zu machen.

In den Jahren 1843–1846 wurden die Assyrer in Hakkari Opfer umfangreicher Massaker seitens der kurdischen Clans, die vom Osmanischen Reich unterstützt wurden. Zehntausende Männer, Frauen und Kinder wurden abgeschlachtet. In den Jahren 1894–1896 wurden Tausende von Assyrern von Osmanischen Truppen und kurdischen Clans bei den sogenannten Hamidischen Massakern getötet. Weniger als zwei Jahrzehnte später begann der große Völkermord Seyfo. In den Jahren 1914–1918 wurde von dem damaligen jungtürkischen Staat zusammen mit kurdischen Familienclans ein grausamer und systematischer Ausrottungsfeldzug vollzogen, bei dem ein Massaker das andere ablöste und im

Großen und Ganzen beinahe die gesamte assyrische Bevölkerung ausgelöscht wurde. Sowohl die physische als auch die materielle Zerstörung war von enormen Ausmaßen. Historikern zufolge fiel gut die Hälfte aller Assyrer dem Völkermord zum Opfer. Viele Kinder und junge Frauen wurden versklavt, ganze Dörfer wurden abgebrannt, Kirchen wurden niedergerissen und Brunnen vergiftet. Infolge des Seyfos kam es zu einer Hungersnot und zu Seuchenkrankheiten im Land, denen viele weitere Menschen zum Opfer fielen.

Auch die mentalen Auswirkungen des Völkermordes auf die Ethnie waren enorm, diese wurden jedoch sowohl von der Umwelt als auch von den Assyrern selbst wenig beachtet. Wenn wir von den Auswirkungen des Seyfos sprechen, wird unsere Aufmerksamkeit beinahe ausschließlich auf die Zahl der Toten gelenkt. Es ist zuweilen auch beliebt, das gesamte Versagen der assyrischen Bewegung mit den Ausmaßen des Völkermordes zu erklären. Dieser einseitige Fokus auf die Zahl der Toten, auf Zerstörung und Vertreibung hat dazu geführt, dass wir den psychologischen Auswirkungen, die weit größere Konsequenzen für unsere politische Zukunft gehabt haben, zu wenig Beachtung geschenkt haben. Der Völkermord geschah zu einem für die Entwicklung der assyrischen Bewegung kritischen Zeitpunkt. Zu Beginn des 20. Jahrhunderts zeichneten sich Konturen einer assyrischen intellektuellen Elite ab, und ihre Ideen über eine assyrische Nation hatten gerade begonnen, in breiteren Schichten innerhalb der Volksgruppe Fuß zu fassen. Es waren vorsichtige Schritte in eine Richtung weg von den schlimmsten Wirkungen der kollektiven Opfermentalität. Der Völkermord stellte stattdessen einen enormen mentalen Rückschlag dar und zwang uns zurück in den eisernen Griff der kollektiven Opfermentalität.

Bei den Armeniern hat es eine entsprechend lang andauernde blutige Geschichte nicht gegeben. Sie wurden nicht in gleichem Ausmaß Opfer einer kollektiven Opfermentalität und konnten daher die psychologischen Effekte des Völkermords besser verarbeiten. Während es Armeniern und anderen gelang, sich trotz Rückschlägen wieder aufzurichten, brachen wir in einer kritischen Phase zusammen. Hätte die soeben geborene assyrische Bewegung ungestört wirken können, wären die Mechanismen, die zur Aufrechterhaltung der Opfermentalität beitrugen, mit der Zeit vermutlich zum Stillstand gekommen. Wir hätten damit eine Chance gehabt, die Art Dynamik zu entwickeln, die die Armenier, Griechen. Juden und andere in die Selbstbestimmung führten. Stattdessen verstärkte und verschlimmerte der Völkermord unseren bereits desolaten psychologischen Zustand noch mehr. Das Gefühl von Machtlosigkeit, Kontrollverlust, Demütigung und die feste Überzeugung, dass wir nicht Herr über unsere Situation sind, wurden vielleicht mehr als je zuvor verstärkt.

Intellektuelle wie Ashur Yousuf ahnten, dass die ständigen Massaker ihre Wirkungen auf die Psyche der Volksgruppe zeigten. In seinem Artikel von 1914, in dem er die Ursachen für die Rückschritte analysierte, gab er daher die „Tyrannisierung" der Assyrer als einen der wichtigsten Gründe für den damals herrschenden Zustand an. Auch andere haben diesen Gedanken gehabt. In einem Text von einer der assyrischen Delegationen auf der Friedenskonferenz in Paris nach dem Ersten Weltkrieg heißt es:

> Das assyrische Volk hat eine Periode der Unterdrückung nach der anderen durchlebt und reinste Sklaverei erfahren. In Kombination mit einer ständigen Angst hat dies natürlicherweise den Weg für Fortschritte der Assyrer versperrt; wir sind uns sehr wohl darüber bewusst, dass sich das Volk seit langem in einer Phase des Rückschritts und des Analphabetismus befindet. [11]

Rohe Gewalt

Um die tief verwurzelten Traumata, die den hier besprochenen mentalen Zustand verursacht haben, besser zu verstehen, müssen wir uns die Natur der rohen Gewalt vor Augen führen, unter der die Assyrer jahrhundertelang litten; einer Gewalt, die wieder und wieder verübt worden ist und der im Prinzip keine Generation gänzlich entgehen konnte. Es ist keine Gewalt, die zwischen zwei Armeen oder zwei feindlichen Parteien ausgeübt wurde, sondern es waren Massaker und Völkermord, die sich gegen eine zivile und sesshafte Bevölkerung richteten. Kein Teil der Bevölkerung ist dabei verschont worden, weder das ungeborene Kind im Mutterleib noch die greisesten unter den Alten. Im Gegenteil war gerade die Ausrottung von Kindern und Frauen ein wichtiger Teil der ethnischen Säuberungen. Es ist eine brutale, oftmals enorm sadistische Gewalt gegen eine friedliche und wehrlose Bevölkerung ausgeübt worden. Die folgenden Zitate aus verschiedenen Augenzeugenberichten ab dem 19. Jahrhundert lassen uns die unfassbare Brutalität und die Traumata, die diese erzeugt hat, vielleicht ein bisschen erahnen:

> Die armen Bewohner wurden zu je zehn hingerichtet oder lebend in Brunnen geworfen. Sie ließen nicht einmal die kleinsten Kinder leben. [12]

> Sie führten die Kinder, Mädchen und Jungen, fort und unterzogen sie schweren Folterungen. Mit Schwertern und Dolchen hauten sie ihre zarten Körper entzwei. Sie warfen sich über die schönen, ehrbaren Frauen, verschleppten sie auf barbarische Weise und vergewaltigten sie, sodass sie in Scham und Schande weiterleben mussten. Sie durchsuchten die Häuser und füllten die Straßen mit den Körperteilen der Kinder, dass es einem das Herz brach. [13]

Sie schossen die Männer nieder und suchten begie-
rig nach schönen Mädchen, um sie fortzuschleppen.
[...] Jede einzelne Person befand sich in der Gewalt
von zwei, drei bewaffneten Muslimen. Diese Teufel
vergewaltigten eine große Anzahl junger Mädchen,
manche kaum sieben, acht Jahre alt, dort auf den
Straßen und Äckern. Ach, es war eine furchtbare
Szenerie! [14]

Eine Frau mit Zwillingen war so voller Schrecken,
dass sie ihren Kindern davonlief und sich versteck-
te. Später wurden die Kleinkinder aufgefunden, zu
Tode gehackt. Viele tote Christen wurden aus ihren
Gräbern geholt. Manche waren seit zwanzig Jahren begraben. Die Ungeheuer nahmen die Schädel
und setzten sie auf Pfähle und marschierten auf den
Straßen. [15]

In Gogtapa wurden die Frau und Töchter eines alten
Priesters getötet, dem man die Arme und Beine abge-
sägt hatte. Sie wurden ermordet und schwer geschän-
det. Einigen Männern schnitt man die Augen mit
Messern aus. So mussten sie eine Weile umherirren,
bevor man sie erschoss. Frauen wurden mit gebroche-
nen Rücken in den Backöfen gefunden, in die man sie
hineingepresst hatte. Die Bäuche schwangerer Frauen
wurden aufgeschnitten und die ungeborenen Kinder
herausgerissen. [16]

Männer wurden auf den Marsch geschickt und mit
Kugeln beschossen, um zu sehen, wie viele Personen durch den Kugelhagel kommen würden. Andere
mussten sich in lange Reihen auf den Boden legen,
sie wurden mit Petroleum überschüttet und angezün-

det. Ein Junge wurde gefunden, dessen Körper mit Nadeln übersät war. [17]

Mütter von Säuglingen wurden so gut wie immer getötet und erschossen, die Kinder aber wurden sich selbst überlassen, bis sie verhungerten. Die Kleider der Frauen wurden zerrissen, sie wurden vergewaltigt und anschließend in die Kälte gezwungen, wo sie erfrieren sollten. [18]

Ein Priester erzählte folgenden Vorfall: Nach der Rückkehr der Russen folgte ihnen eine Gruppe von Christen, um bestimmte geplünderte christliche Dörfer zu untersuchen. Mein Gewährsmann folgte mit. „Zu meiner Verwunderung sah ich die Konturen von Menschen, die auf spitze Pfähle aufgespießt waren, welche durch deren Enddarm und den ganzen Körper gedrückt worden waren. Auf diese Weise zu sterben, dauert sehr lange. Die Körper waren zum Teil so fest angefesselt, dass die Pfähle nicht entfernt werden konnten. Es war notwendig, die abzusägen und die Opfer so zu bestatten, wie sie waren. Manche von ihnen waren Frauen“, berichtete die Quelle. [19]

In dieser Gegend wurden Tausende von Menschen von der Hauptkolonne abgeschnitten und umringt. Der Feind drang in rasendem Tempo mitten unter die wehrlosen Frauen und Kinder und verursachte Chaos und tötete wahllos. Säuglinge wurden von der Brust ihrer Mütter gerissen und auf den Boden geschleudert. Hunderte von Frauen wurden verschleppt. [20]

Das immer wiederkehrende Muster

Die Geschichtsschreibung stellt oft die großen Ereignisse in den Vordergrund. Völkermorde und Massaker werden studiert und detailliert beschrieben. Das führt dazu, dass Ereignisse mit weniger Toten als Bagatellen oder weniger wichtig abgetan werden. Aber mit Blick auf die kollektive Opfermentalität sind auch die kleinen und alltäglichen Vorfälle von Bedeutung. Auch die alltägliche, systematische Unterdrückung ist eine Ursache für Traumata. Um ein kollektives Trauma zu erzeugen, sind nicht immer viele Tote oder eine enorme Zerstörung notwendig.

Die großen Massaker und Übergriffe gegen die Assyrer im Laufe der Geschichte sind bekannt. Weniger bekannt ist, dass diese großen Ereignisse nur die Spitze eines Eisbergs in Form eines konstant wiederkehrenden Musters darstellen. Wenn wir von Völkermord, Massakern und Traumata sprechen, gerät dabei schnell das Gesamtbild aus dem Blick. Groß angelegte Übergriffe entstehen nicht aus einem Vakuum, sondern sind eher der Höhepunkt in einem laufenden, niedrigfrequenten Unterdrückungsfeldzug. Als der Völkermord 1915 endete, bedeutete dies in keiner Weise, dass die Assyrer nun ihren Frieden hatten. Die Unterdrückung war weiterhin allgegenwärtig, jedoch änderte sich ihre Form und Intensität. Die Assyrer wurden auch weiterhin attackiert, vertrieben und sie lebten weiter in Unsicherheit. Die kollektive Opfermentalität der Volksgruppe wurde also auch nach dem Seyfo weiterhin konstant stimuliert.

Weniger als zwei Jahrzehnte nach dem Völkermord ereignete sich die nächste große Katastrophe. Im Jahr 1932 endete das britische Mandat über das Zweistromland, das die Briten seit dem Ende des Ersten Weltkrieges besessen hatten. Irak wurde nun ein selbständiger Staat, und die Araber kamen an die Macht. Etwa ein Jahr nach der Selbständigkeit, im August 1933, wurde ein Massaker an den Assyrern in der Ortschaft Simele und im Umland im nördlichen Teil des neuen Staates begangen. Viele wehrlose Assyrer wurden kaltblütig von der irakischen Armee mit der Unterstützung von kurdischen und arabischen Familienclans ermordet. Genau wie bei früheren Massakern waren insbesondere assyrische Führungspersonen und Intellektuelle die Zielscheiben. Im Vergleich mit dem Völkermord Seyfo mag Simele als ein isoliertes Massaker gelten, aber dessen psychologischer Effekt war enorm und wirkte sich auf unser Volk als Ganzes aus. Es schickte eine erneute Schockwelle durch die gesamte Ethnie und legte eine weitere Schicht über die vielen bereits vorhandenen Schichten von Traumata. Seine Wirkung auf die Zukunft sollte sich als überproportional groß erweisen, und es stellte auf verschiedene Weise einen Wendepunkt in der Geschichte des Assyrismus dar.

Eine der Konsequenzen des Massakers von Simele war, dass sich die Kirchenführung von dem nationalen Kampf und von der nationalen Einheit als Ganzes distanzierte. Das beste Beispiel hierfür ist der assyrisch-orthodoxe Patriarch Afrem Barsoum. Vor Simele hatte er am Kampf für die Selbständigkeit teilgenommen und sich selbst und seine Anhänger stolz als Teil der assyrischen Nation beschrieben. Nach dem Massaker begannen er und seine Kirche, sich von allem Assyrischen zu distanzieren. Führer der katholischen assyrischen Kirche sahen sich ebenfalls gezwungen, Abstand zu nehmen. Diese Distanzierung gab anschließend den anti-assyrischen Bewegungen Vortrieb, die innerhalb der assyrisch-orthodoxen und assyrisch-katholischen Kirche aufgekommen waren.

Nach Simele versanken die Assyrer noch tiefer in ihre kollektive Opfermentalität, und die Überzeugung, dass wir nichts an unserer Situation ändern können, wurde absolut dominierend. Das Massaker bedeutete jedoch in keiner Weise ein Ende des Traumas. Auch nach dem verhängnisvollen Sommer 1933 gingen die Unterdrückung und die Attacken bis in unsere Zeit weiter.

Es gab kleinere Massaker, einzelne Assyrer wurden getötet und Angriffe verschiedener Art sowie die politische Unterdrückung wurden fortgesetzt. Im Sommer 2014 spielten sich biblische Szenen ab, als Assyrer in der Ninive-Ebene Hals über Kopf vor der mörderischen Sekte des Islamischen Staates fliehen mussten. Krieg, Unterdrückung, Mord an politischen Führern und vielerlei Formen von Übergriffen sind in all diesen Zeiten Alltag für Assyrer in allen Teilen Assyriens geworden. Die Mechanismen, die die kollektive Opfermentalität konstant mittels neuer Traumata aufrechterhalten, haben somit ununterbrochen Bestand.

Der britische Verrat

Unser besonderer mentaler Zustand tritt ebenfalls deutlich hervor, wenn man sich näher anschaut, was sich zwischen Assyrern und dem britischen Imperium Anfang des 20. Jahrhunderts abgespielt hat. Die Zusammenarbeit zwischen den Assyrern, die in der Bergregion Hakkari lebten, und den Briten ab dem Ersten Weltkrieg bis zum Massaker in Simele endete für uns in einer Verbitterung, die sich bis heute gehalten hat. Generationen von Assyrern mussten erfahren, wie die Briten ihre Versprechen brachen und uns im Stich ließen. Die Erkenntnis über die Wirkungen der kollektiven Opfermentalität gibt uns die Möglichkeit, diese Sichtweise neu zu bewerten.

Die geschichtlichen Quellen zeigen nämlich, dass die Assyrer stets davon ausgegangen waren, dass die Briten ihre Retter seien, während die Briten einzig ihre eigenen politischen, militärischen und wirtschaftlichen Interessen verfolgten. Während des Ersten Weltkriegs hatten sie ein großes Interesse daran zu verhindern, dass das mit den Deutschen verbündete Osmanische Reich in Persien eindrang und von dort weiter in die britische Kolonie Indien. Die Briten, denen es an Ressourcen mangelte, sahen eine Möglichkeit,

Akteure vor Ort, die ebenfalls die Türken als ihre Feinde betrachteten, für ihre Interessen zu nutzen. Denn die Hakkari-Assyrer ihrerseits sahen sich von den osmanischen Truppen bedroht. So hatten die Briten und die Assyrer ein gemeinsames Interesse, das auf eine militärische Zusammenarbeit hinauslief. Aus britischer Sicht war dies eine rationale politische Transaktion, bei der zwei Akteure mit gemeinsamen Interessen so lange zusammenarbeiteten, wie das gemeinsame Interesse bestand. Die Assyrer waren jedoch nicht in der Lage, das Prinzip dieser Zusammenarbeit und der Interessenpolitik, die ihm zugrunde lag, zu erkennen. Mit der assyrischen Haltung, die von der kollektiven Opfermentalität und dem tief liegenden Gefühl einer mangelnden Eigenverantwortlichkeit gesteuert wurde, waren sie davon ausgegangen, dass sie den Briten einen Dienst erwiesen, der später in Form einer kompletten Rettung entlohnt werden würde. Die Assyrer sahen in den Briten daher das, was sie sehen wollten: einen mächtigen Retter in der Not.

Als die Osmanen dann besiegt waren und der Weltkrieg beendet war, offenbarte sich das Missverständnis zwischen den Parteien. Die Assyrer forderten weiter Unterstützung von ihrem Retter, während die Briten nach wie vor ihre Interessen verfolgten, die jetzt von völlig anderen Voraussetzungen diktiert wurden. Das Gebiet, das den Briten infolge des Sieges über das Osmanische Reich zufiel, hatte eine überwältigende arabische Majorität. Was die Briten betrifft, lag ihr Interesse nun deutlich darin, mit den Arabern zusammenzuarbeiten, die dieses Gebiet mit seinen wertvollen Ölvorkommen, das später Irak wurde, führen sollten. Für die Assyrer war dies beinahe unmöglich zu begreifen. Ihnen fehlte die Fähigkeit, ihre Umwelt und die Bedingungen für bilaterale Beziehungen zu verstehen. Darüber hinaus war ihr Blick von dem Filter der kollektiven Opfermentalität getrübt, durch den sie die Welt betrachteten.

Der britische Leutnant R. S. Stafford veröffentlichte 1935

sein Buch *The tragedy of the Assyrians.* Er war viele Jahre im Irak stationiert gewesen und hatte regen Austausch mit assyrischen Führern gehabt. In seinem Buch versucht er diesen mentalen Zusammenstoß zwischen Assyrern und Briten zu beschreiben:

> Was die Assyrer betrifft, muss man zugeben, dass sie, wenn sie auch keine definitiven Garantien von Großbritannien erhielten, sehr wohl von den Briten erhofften, sie würden ihre Heimatgebiete zurückerhalten. Sie konnten nicht glauben, dass eine solch mächtige Nation, siegreich im größten Krieg der Weltgeschichte, dies nicht verwirklichen könnte, wenn sie es wirklich beabsichtigt hatte zu tun. Sie verstanden die Erschöpfung in der Welt zu jener Zeit nicht; sie verstanden nicht die vielen Komplikationen in Europa, die die Staatsmänner in Versailles daran hinderten, sich einer so trivialen Frage wie der Ansiedlung von ein paar tausend Dorfbewohnern zu widmen. [21]

Es zeigte sich bald, dass der Austausch zwischen Assyrern und dem britischen Imperium noch eine Weile fortdauern sollte. Der Irak und die Araber waren nämlich nicht darauf vorbereitet, über Nacht in einen funktionierenden Staat geführt zu werden. Die Briten begannen daher, Assyrer für eine Streitkraft zu rekrutieren, deren Aufgabe es war, Unruhen niederzuschlagen und die Ordnung im Irak aufrechtzuerhalten, bis eine Armee und ein Staatsapparat aufgebaut waren. Und erneut hatten die Assyrer die Bedingungen für diesen Austausch falsch verstanden. Die Briten handelten weiter in ihrem eigenen Interesse. Die Assyrer ihrerseits befanden sich in dem Glauben, dass die Rekrutierung für die sogenannten Levies-Streitkräfte mehr bedeutete, als sie es eigentlich war. Immer noch verblendet von dem Gedanken an einen Retter von außen schlossen sich daher Tausende Assyrer den Levies an. Dieses langwierige Missverständnis zwischen

dem britischen militärpolitischen Establishment und den
assyrischen Führern mündete schließlich im Massaker von
Simele 1933.

Den assyrischen Führen gelang es bis zum Ende nicht, die
Prinzipien hinter dem Handeln der Briten zu verstehen. Dies
zeigen die Dokumente in Form von Briefen und Stellungnahmen
aus jener Zeit. Der Assyrer Yusuf Malik ist Autor des Buches
The British Betrayal of the Assyrians, das 1935 erschien. Er gibt
in seinem Buch unter anderem Auszüge aus einem Brief wieder,
den der assyrische Patriarch an den britischen Vertreter schrieb:

> Es wurden keine Pläne für die Zukunft formuliert,
> aber wir bestehen darauf, dass eine dauerhafte, zu-
> friedenstellende Lösung gefunden werden muss, mit
> der uns die dauerhafte Sicherheit gewährt wird, als
> freies Volk und nicht als Diener zu leben. [...] Die
> britische Öffentlichkeit wird – wenn sie sich der wah-
> ren Fakten bewusst wird – die Verfolgung des ältesten
> christlichen Volkes in der Welt, das treu und loyal zu
> unserem Herrn in vielen Zeiten der Unterdrückung
> geblieben ist, nicht voll Gleichgültigkeit tolerieren.
> Die britische öffentliche Meinung kann Einfluss auf
> die britische Regierung ausüben, die vielen Verspre-
> chen und Verpflichtungen gegenüber den Assyrern,
> die, unglücklicherweise, ein ums andere Mal gebro-
> chen worden sind, wiedergutzumachen. [22]

Die Formulierung zeigt, dass der Patriarch ganz einfach nicht in
der Lage war, die herrschende Dynamik und wodurch politische
Beschlüsse diktiert werden, zu verstehen. Er ging davon aus, dass
die Briten verpflichtet waren, die Assyrer zu retten, unter anderem, weil wir die ersten Christen waren und aufgrund unseres
Glaubens verfolgt wurden.

Die Frage ist, ob das Schicksal zwei Akteure mit so fundamental
verschiedenen psychologischen Haltungen hätte zusammenführen

dürfen. Auf der einen Seite die Assyrer mit ihrer tief verwurzelten Opfermentalität und ihrem Mangel an Eigenverantwortlichkeit und auf der anderen Seite die Briten mit ihrem enormen Selbstvertrauen, das dazu geführt hatte, große Teile der Welt unter ihre Herrschaft zu bringen. Es war ein Verhältnis, das kaum anders als in einer Katastrophe für den schwächeren Partner hätte enden können.

Britische Offiziere hatten de facto den Assyrern Versprechen von Autonomie oder Selbständigkeit nach dem Weltkrieg gemacht. Die Assyrer haben weder damals noch später erkennen können, dass solche Versprechen Teil des allgemeinen politischen Spiels zwischen Akteuren darstellten und dass ihre Selbständigkeit letztendlich einzig und allein nur von ihnen selbst erreicht werden konnte. Die Frage ist: haben wir als Kollektiv eine Lehre aus dem Vorgefallen ziehen können? Obwohl bald hundert Jahre vergangen sind, gibt es wenige Assyrer, die versucht haben, die Ereignisse jenseits von oberflächlichen Anklagen auf Verrat und Manipulation zu verstehen. Von einer rein politischen Perspektive aus gesehen müssen wir feststellen, dass der Fehler bei uns lag. Wir sind nicht in der Lage gewesen, in unserem eigenen Interesse zu handeln, sondern haben die ganze Zeit geglaubt, dass jemand anderes dafür zuständig ist und dass wir deswegen diesem anderen statt uns selbst Dienste erweisen müssen. Es ist uns nicht gelungen einzusehen, dass Selbständigkeit etwas ist, das man sich nimmt und um das man niemanden bittet, und dass keine Pinselstriche oder Beschlüsse in London oder Paris die Fakten auf dem Tisch ausradieren können.

Die Hakkari-Assyrer mussten am Ende die Konsequenzen eines Handelns, das von Opfermentalität gesteuert wird, bitter erfahren. Im Prinzip haben sich alle assyrischen Gruppen, damals wie heute, unsere Freiheit nur unter den Bedingungen vorstellen können, die andere uns vorgeben. Es ist kaum möglich, diese Einstellung mit einem besseren Begriff als „Wille ohne Eigenverantwortlichkeit" auszudrücken. Viktor Yonan, einer der Redakteure der Zeitschrift *L'action*, illustriert diese Anschauung mit folgenden Zeilen aus dem Jahre 1920:

> Man hat uns unsere Selbständigkeit versprochen; aber wird man sie uns in den Wüsten des Westens geben? Großbritannien ist bereits reich und raublüstern genug und kann uns gut und gerne die Ländereien in Mosul und Umgebung gönnen. Wir warten noch immer darauf, dass die Versprechen eingelöst werden! [23]

Ein missglückter Start

Die frühe assyrische Bewegung hatte den denkbar schlechtesten Start und endete in den blutigen Gassen von Simele im Jahr 1933. Der Traum der Assyrer von Selbständigkeit war nun in weitere Ferne gerückt als fünfzig Jahre zuvor, als die ersten Ideologen ihre Gedanken formuliert hatten.

Aber trotz dieses bitteren Ergebnisses war etwas geboren worden. Die Ideen des Assyrismus wurden weiterverbreitet, um langsam, aber sicher ein nationales Zusammengehörigkeitsgefühl zu schaffen, für das sich die frühen Denker eingesetzt hatten. Trotz des Widerstandes aus den Reihen der assyrisch-orthodoxen und katholischen Kirchen und deren Distanzierung von der assyrischen Identität konnte die Ideologie neue Anhänger gewinnen und Assyrer mit unterschiedlichem Hintergrund einander näherbringen und unter eine gemeinsame Identität führen. Bald schon war eine neue Generation geboren, die die Fackel übernahm und neue Organisationen in Assyrien, aber in immer größerem Umfang auch in der Diaspora der westlichen Welt, bildete. Aus dieser

Perspektive gesehen, war der Assyrismus ein Erfolg. Trotz aller Schwierigkeiten hat er dazu geführt, eine Einigkeit zu schaffen, die die Mehrheit der Volksgruppe unter einer Flagge versammelt. Er hat eine neue historische Transformation der Identität erzwungen, auch wenn dieser Prozess noch nicht vollendet ist. Die Stärke des Assyrismus liegt darin, dass er noch immer die einzige Ideologie innerhalb der Volksgruppe ist, die Anhänger aus allen geografischen, kirchlichen und dialektalen Gruppen versammelt. Sein großer Misserfolg besteht darin, dass es ihm bis heute nicht gelungen ist, den dunklen Schatten abzuwerfen, der sich über ihn gelegt und ihn daran gehindert hat, die notwendigen Schritte zur Verwirklichung seiner Ziele zu unternehmen.

IV

Mut ohne Nutzen

Die Assyrer haben mehr als einmal in den letzten hundert Jahren zu den Waffen gegriffen, Assyrien aber ist bis heute ein besetztes Gebiet geblieben. Dies führt uns zu den Fragen, für was, für wen und aus welchen Gründen wir eigentlich gekämpft haben.

Vier Arten der Kriegsführung

Es lassen sich vier verschiedene Arten bewaffneter Konflikte ausmachen, an denen wir in den letzten hundert Jahren teilgenommen haben. Die erste Art des bewaffneten Kampfs könnte man als verzweifelte Selbstverteidigung bezeichnen. Ein Beispiel hierfür ist das assyrische Dorf Ainwardo während des Seyfos. Zu Beginn des Völkermords hatten mehrere tausend Assyrer verzweifelt Schutz in diesem Dorf und seiner großen Kirche, die eher einer Festung ähnelt, gesucht. Umzingelt von Tausenden von türkischen und kurdischen Feinden haben sie keinen anderen Ausweg gesehen, als zu kämpfen. Sie hielten stand und überlebten allen Widrigkeiten zum Trotz. Ähnliche Szenen spielten sich in der Ortschaft Beth Zabday (Azakh) und an anderen Orten in Assyrien ab.

Die zweite Art der Kriegsführung ist jene, die mit Unterstützung von Alliierten erfolgte. Die Assyrer von Hakkari und Urmia bekamen Hilfe von Russen, Franzosen und Briten im Kampf gegen die osmanischen Truppen und deren kurdische Verbündete während des Ersten Weltkriegs. Die von den Briten unterstützten assyrischen Streitkräfte waren erfolgreich und besiegten in einer

Reihe von Kämpfen zahlenmäßig weit überlegene türkisch-kurdische Truppen. Als sich das Osmanische Reich im Mai 1918 als besiegt erklärte, nahm der Bedarf an den assyrischen Streitern ab. Stattdessen etablierten die Briten die sogenannten irakischen Levies, um ihre Interessen in den neuen Gebieten, die ihnen jetzt zugefallen waren, zu schützen. Die Levies-Streitkräfte bestanden hauptsächlich aus Assyrern. Insgesamt nahmen die Assyrer beinahe vier Jahrzehnte lang an verschiedenen bewaffneten und von den Briten unterstützten Einsätzen teil.

Die dritte Art der assyrischen Kriegsführung könnte man als angeordneten Kampf bezeichnen, der in den 1960er Jahren eingeleitet wurde. Im Sommer 1961 nahmen die Assyrer ihre Waffen auf, um zusammen mit Kurden und anderen gegen das irakische Regime zu kämpfen. Die Streitigkeiten wurden aktiv fortgeführt, bis die USA 1991 eine Flugverbotszone im vom Irak besetzten Assyrien einrichteten. Es waren Kämpfe, die die Assyrer nicht freiwillig gewählt hatten, sondern zu denen sie gezwungen worden waren. Der kurdische Guerillaführer Mullah Mustafa Barzani hatte nämlich den Assyrern das Ultimatum gestellt, entweder den kurdischen Aufstand zu unterstützen oder als Feinde betrachtet zu werden.

Die vierte und letzte Art der Kriegsführung können wir Kriegsführung mit Unterstützung des Feindes nennen. Dies geschah beispielsweise, als kurdische Parteien Anfang des 21. Jahrhunderts eine Streitkraft von mehreren tausend Assyrern überall in der Niniveebene stationierten, um auf diese Weise indirekt Kontrolle über das Gebiet zu haben. Als die Terrorsekte Islamischer Staat im Sommer 2014 über das Gebiet hereinbrach, endete im Prinzip die Existenz dieser Streitkraft, die ihr Heil in der Flucht suchte. Assyrer vor Ort schufen stattdessen die Nineveh Plain Protection Units, um ihre Gebiete zurückzuerlangen und zu schützen. NPU erhielten einen offiziellen Status und wurden vom irakischen Verteidigungsministerium unterstützt. Eine Entwicklung, die an jene im Irak erinnert, fand auch bei den Assyrern im nordöstlichen Syrien statt. 2011 brach der Bürgerkrieg in Syrien aus und ließ ein Machtvakuum entstehen. So kam es, dass sich Assyrer in der Stadt Bet Zalin (Qamischli) bewaffneten und zwei örtliche Schutztruppen bildeten. Die eine mit Unterstützung und Genehmigung des syrischen Regimes, die andere wurde von der dominierende kurdischen Gruppe in diesem Gebiet unterstützt.

Alle diese vier assyrischen Milizen im Irak und in Syrien sind Beispiele für einen bewaffneten Kampf auf Befehl, unter Strafe und/oder mit aktiver Unterstützung von Akteuren, die im Grunde den ethnischen Rechten der Assyrer feindlich gegenüberstehen.

Der rote Faden

Der gemeinsame Nenner der soeben beschriebenen Kriegssituationen ist die Tatsache, dass ihnen allen der Mangel an Eigenverantwortlichkeit innewohnt. Dieser unser schwacher Punkt wird am allerdeutlichsten in Kriegszusammenhängen sichtbar. Es lässt sich nämlich erkennen, dass jedes Mal, wenn wir zu den Waffen gegriffen haben, unser Handeln von den Wirkungen der Opfermentalität diktiert wurde.

In Ainwardo, Beth Zabday und anderen Orten, an denen es uns geglückt war, uns zu verteidigen, etablierte sich unter den Assyrern bald schon das Narrativ, dass unser Erfolg höheren Mächten zu verdanken sei. In Beth Zabday hieß es, dass die Feinde mit Kanonensalven aus dem Himmel beschossen wurden. Realitätsflucht und Hilflosigkeit dominierten in einem so hohen Grad, dass, selbst wenn wir die Sache in unsere eigenen Hände nahmen, wir nicht in der Lage waren zu glauben, unser Schicksal selbst bestimmen zu können. Stattdessen schrieben wir unsere Leistungen höheren Mächten zu.

Als die Assyrer von Hakkari und Urmia im Ersten Weltkrieg

gegen die Osmanen und deren kurdische Alliierte kämpften, handelte es sich um eine Kriegsführung, die gänzlich von der Hilfe von außen abhängig war, weil wir des Gefühls der Eigenverantwortlichkeit vollständig beraubt waren. Ein klarer Beweis hierfür ist, dass unser Einsatz sofort endete, als die Unterstützung der Briten zurückgenommen wurde.

Als wir in den 1960er Jahren im Nordirak zu den Waffen griffen, war es wiederum auf der Grundlage eines Mangels an Eigenverantwortlichkeit, so seltsam das auch klingen mag. Es gibt eine Menge Quellen, die Beweise dafür liefern. Eine Quelle, die dies am deutlichsten zeigt, ist ein Bericht von der amerikanischen Botschaft in Bagdad von 1962, der die Umstände aufdeckt, die dazu führten, dass wir eine Kriegspartei wurden:

> Als die Revolte begann, wurden die Christen, die es vorgezogen hatten, neutral zu bleiben, von den Kurden umzingelt und gezwungen, ihnen zu helfen. [...] Die Regierung bombardierte die assyrischen Dörfer gemeinsam mit den kurdischen Muslimen; die Assyrer waren verärgert und nahmen eine aktivere Rolle in der kurdischen Revolte ein. Ihre Dörfer wurden später von den Regierungstruppen zurückerobert oder, besser gesagt, von Kurden, die mit Bagdad zusammenarbeiteten und die sich einige Plünderungen und einiges Morden zu Schulden kommen ließen. Die Christen versuchten die Regierung zu besänftigen und versicherten ihr, dass ihre Loyalität bei Bagdad lag. Als der Winter kam, kehrte Mullah Mustafa zurück in die Dörfer, ohne nennenswerten Widerstand seitens der Regierung, und nahm Rache an den Christen wegen ihres „Verrats" an seiner Revolte. [24]

Auch die assyrischen Milizen, die sich in den letzten Jahren in Syrien und im Irak gebildet haben, basieren im Grunde entweder auf einem Mangel an Eigenverantwortlichkeit oder auf

Unterwürfigkeit. In den Fällen, in denen es deutlich wird, dass ein nicht assyrischer Akteur die assyrische Miliz gebildet hat, sind dies Beispiele für Unterwürfigkeit. In den Fällen, in denen sich die Milizen auf Initiative der Assyrer selbst gebildet haben, aber von außenstehenden Akteuren sanktioniert werden, diesen unterstehen und von ihnen materielle Unterstützung erhalten, handelt es sich vor allem um Mangel an Eigenverantwortlichkeit. Über diese Faktoren hinaus sind all diese Milizen aus dem Chaos entsprungen, das in diesen Ländern infolge von Bürgerkrieg und allgemeiner Anarchie herrscht, und sie sind daher von einem Kontext außerhalb der eigenen Volksgruppe abhängig und gesteuert.

Wenn wir unser Handeln in bewaffneten Zusammenhängen zusammenfassen, können wir also feststellen, dass wir entweder Krieg geführt haben, wenn es keinen Ausweg für uns gab, wenn eine externe Unterstützung gegeben war, wenn wir auf Befehl des Feindes hin handelten oder wenn der Kontext dies erforderte und zuweilen aufgrund einer Kombination der genannten Faktoren. Der bewaffnete Kampf endet, wenn die akute Gefahr vorbei ist und wenn die externe Unterstützung zurückgezogen wird sowie wenn der Feind etwas anderes befiehlt und wenn sich der Kontext ändert. Keine der Situationen deutet darauf hin, dass wir einen autonomen bewaffneten Kampf geführt haben, der auf Eigenverantwortlichkeit gründet und dem Zweck dient, unsere eigenen politischen Ziele zu erreichen. Der rote Faden in unserem Handeln ist damit offenbar und lässt sich nicht missverstehen oder schönreden.

Krieger und Berge

Den Assyrern in den Hakkaribergen war es bis zum Ersten Weltkrieg einige Jahrhunderte lang gelungen, eine Form von informeller Selbständigkeit gegenüber dem Osmanischen Reich aufrechtzuerhalten. Zum Teil beruhte dies darauf, dass die Türken nicht besonders viel Energie darauf verwendet hatten, diesen Teil des Imperiums, der aus unzugänglichem Gebirgsterrain bestand und von kurdischen Clans dominiert wurde, zu unterwerfen. Die Hakkari-Assyrer waren streitbar und daran gewöhnt, sich mit Waffen gegen die Kurden in diesem rechtlosen Landstrich zu verteidigen. Von daher kann man ihre informelle Selbständigkeit dort oben in den Bergen als etwas betrachten, das mit der Opfermentalität der Volksgruppe bricht. Sie litten nicht in nennenswertem Umfang an Realitätsflucht oder Unterwürfigkeit, und ihr Handeln zeigt, dass sie nicht apathisch waren. Im Zusammenhang mit den Ereignissen während des Ersten Weltkriegs zeigte es sich jedoch, dass auch sie sich nicht ganz von den Wirkungen dieser Krankheit befreien konnten. Es stellte sich nämlich heraus, dass ihr Handeln von einem enormen Mangel an Eigenverantwortlichkeit diktiert wurde. Aus einem Bericht des Agenten Robert McDowell an Captain G. F. Gracey im Januar 1918, als sie militärisch organisiert werden sollten, geht dies deutlich hervor:

> Die [assyrischen] Führer berichten, was, glaube ich, wahr ist, dass die Mentalität [der Assyrer] solcher Art ist, dass sie, wenn sie sich bedrängt fühlen, jegliche Hoffnung aufgeben und aufhören zu kämpfen. Wenn sie glauben, dass sie von anderen Mächten unterstützt werden, auch wenn sie nur wenig Hilfe bekommen, fühlen sie sich gestärkt und versuchen sich selbst zu helfen. Alle Führer betonten dies für mich, dass, wenn [die Assyrer] keine Hilfe von außen bekommen, sie in Persien nicht standhalten werden. [25]

In den kurzen Zeiträumen, in denen die Hakkari-Assyrer sich der Unterstützung der Briten und anderer sicher waren, brachten sie geradezu Wunder zustande. Wenn die externe Unterstützung aber ausblieb, wurden sie hilflos und konnten sich nicht dazu motivieren, auf eigene Faust zu handeln, sondern verwandten, genau wie die anderen assyrischen Gruppen, all ihre Zeit und Energie darauf, um weitere Unterstützung zu flehen. Vor dem Ersten Weltkrieg waren es die Berge, die ihnen zu Hilfe kamen und Rückendeckung boten. Als sie dann während des Ersten Weltkriegs aus den Bergen vertrieben waren und später dann noch die Briten ihre Unterstützung abzogen, kam auch bei ihnen ihr schwacher Punkt in Form eines tief verwurzelten, kollektiven Mangels an Eigenverantwortlichkeit an den Tag.

Die anderen assyrischen Gruppen waren jedoch kaum in besserer mentaler Verfassung. Während sich die Einwohner von Hakkari ihre Rettung nur mithilfe externer Mächte vorstellen konnten, litten die anderen Gruppen in Tur Abdin, Gozarto, Urmia und Ninive in unterschiedlichem Ausmaß auch an Unterwürfigkeit, Realitätsflucht und Apathie. Zum größten Teil waren diese Gruppen passive Zuschauer des aktiven Handelns und des Austauschs der Hakkari-Assyrer mit den Briten, einer Handlungskraft, die sie geradezu bewunderten. Als die Zusammenarbeit mit den Briten in der Katastrophe des Massaker von Simele endete, begannen sie aus Angst vor den Folgen aktiv Abstand von den Hakkari-Assyrern und von der assyrischen Identität als Ganzes zu nehmen. Die Assyrer von Hakkari haben somit die geringsten Symptome einer kollektiven Opfermentalität gezeigt, mussten aber, so könnte man sagen, dafür den höchsten Preis bezahlen.

Die Ausgenutzten

Wenn wir unser Handeln in Kriegszusammenhängen zusammenfassend betrachten, müssen wir die düstere Feststellung machen, dass wir keinen nationalen bewaffneten Kampf für unsere Befreiung geführt haben. Es bleibt die Frage, für was und für wen wir dann eigentlich gekämpft haben. Die bittere Wahrheit ist, dass wir in den letzten hundert Jahren vor allem für die Interessen anderer gekämpft haben und gefallen sind. Bei drei Gelegenheiten haben wir indirekt den Interessen unserer Feinde gedient.

Als wir im Ersten Weltkrieg mit Unterstützung der Briten zu den Waffen griffen und die türkischen Armeen zurückschlugen, ermöglichten wir den Briten die Kontrolle über die Gebiete. Darum schrieb Jacques Gorek schon vor hundert Jahren in seinem Brief an die Zeitung L'action: „Werden wir nur für eine fremde Sache Helden gewesen sein? Nicht für uns selbst, für die Sache der Assyrer?"

Als wir kurz darauf in die Levies-Streitkräfte eingereiht wurden, haben wir weiter zu dieser Entwicklung beigetragen, an deren Ende wir uns unter arabischer Besatzung in Form des Staates Irak wiederfinden mussten. Leider waren dies nicht die letzten Male, bei denen wir uns haben ausnutzen lassen.

In den 1960er Jahren waren wir wieder am selben Punkt. Wir haben erneut zu den Waffen gegriffen und mehrere Jahrzehnte lang an einem Kampf teilgenommen, der mit dem Ergebnis endete, dass große Teile Assyriens heute unter kurdischer Herrschaft im Norden Iraks liegen. Tatsächlich setzt sich die Ausbeutung bis heute fort.

Die assyrischen Milizen, die in den letzten Jahren mit Unterstützung von Akteuren, die unseren ethnischen Rechten im Grunde feindlich gegenüberstehen, gebildet wurden, stellen ebenfalls eine Form der Ausnutzung dar. Sie werden unter anderem zu Propagandazwecken benutzt, um andere assyrische Gruppen zu untergraben und um der Umwelt einen Beweis für das „Wohlwollen" des Feindes gegenüber „den Christen" zu liefern.

Alles in allem müssen wir feststellen, dass wir viel Blut für britische, arabische und kurdische Interessen vergossen haben – aber nicht einen einzigen Tropfen nur und direkt für unser Assyrien. Viele tausend Assyrer haben ihr Leben in Kämpfen verloren, die nicht die unseren waren. Und noch mehr zivile Assyrer sind in Folge dieses falschen Kampfes gestorben. Unser tief verwurzelter Mangel an Eigenverantwortlichkeit hat uns zu einem willenlosen Kollektiv gemacht, das ständig ausgenutzt worden ist für Interessen, die den unseren konträr gegenüberstanden.

Eine Beobachtung des britischen Offiziers Stafford beschreibt unsere Krankheit kurz und knapp. In seinem Buch erzählt er von der absurden Situation, die mit den Levies-Streitkräften während des Massakers von Simele entstand, als die Assyrer bei der Bombardierung ihrer eigenen nahen Verwandten assistierten: „Eine wirklich außergewöhnliche Situation entstand, als die assyrischen Levies Wache für die irakischen Flugzeuge standen, die mit Bomben beladen wurden, mit denen ihre Landsleute beschossen werden sollten [...]“

Einwände

Man könnte trotz allem argumentieren, dass unser kriegerisches Handeln auf einer realistischen Einschätzung beruhte. Tatsache ist, dass wir mehr oder weniger von feindlich gesinnten Volksgruppen umzingelt waren. Daher sei es wohl naiv zu glauben, wir könnten in dem bewaffneten Kampf eine eigene Linie verfolgen und uns bei einem in großem Stil angelegten Überfall von zahlenmäßig und militärisch überlegenen Gegnern ohne Hilfe verteidigen. Auf eine Art ist dies ein legitimer Einwand. Einem umfassenden Angriff von türkischer, arabischer oder kurdischer Seite hätten die Assyrer mit größter Wahrscheinlichkeit nicht standhalten können.

Auf der anderen Seite hätten auch die armenischen, jüdischen oder kurdischen Befreiungsbewegungen einem solchen Angriff nicht standhalten können. Dennoch können wir sehen, dass diese eine militärische Kapazität entwickelten und aufrechterhielten, nicht zuletzt in Form einer im Untergrund arbeitenden Widerstandsbewegung oder einer Guerilla in den Gebirgsregionen. Deren innerer starker Wille schuf die Voraussetzungen, einen bewaffneten Konflikt auszufechten, auch wenn die Umstände nicht optimal waren und die Zahlen gegen sie sprachen. Darüber hinaus war der Ausgangspunkt ihrer Kriegsführung immer das Prinzip des Selbstvertrauens.

Während die Kurden auf eigene Faust einen bewaffneten Aufstand gegen die Briten und den sich abzeichnenden irakischen Staat führten, dienten die Assyrer den britischen Interessen in den Levies-Streitkräften und sie waren diejenigen, die dabei halfen, die kurdischen Aufstände niederzuschlagen. Die Kurden handelten aus Selbstverantwortlichkeit, die Assyrer aus einem Mangel an Selbstverantwortung. Der militärische Beistand unter anderem durch den Iran, den der Guerillaführer Mullah Mustafa Barzani in den 1960er Jahren erhielt, war eine Unterstützung für einen bereits existierenden und selbständigen kurdischen Kampf, d. h., es war der existierende kurdische Kampf, der die Hilfe von außen veranlasste, und nicht die Hilfe von außen, die den Kampf veranlasste. Im Fall der Assyrer waren die Umstände genau umgekehrt.

Der Kontrast zwischen uns und Armeniern, Juden und Kurden in dieser Hinsicht ist auffallend und enthüllend. Im Gegensatz zu den Assyrern haben diese Volksgruppen beinahe ausschließlich allein für ihre eigenen politischen Ziele zu den Waffen gegriffen. Daher können wir sehen, dass sie einen bewaffneten Kampf auch ohne externe Hilfe und unabhängig von externen Faktoren und Umständen ausfochten. Unsere Kriegsführung dagegen wurde immer von externen Umständen oder Hilfe von außen veranlasst. Nichts hat uns in den letzten hundert Jahren daran gehindert, eine eigene militärische Macht zu entwickeln und für unsere Ziele zu kämpfen. Jedoch haben wir nie ausreichend viel Selbstvertrauen und Glauben an uns selbst gehabt, und daher hat es in unseren Augen auch nie eine solche Möglichkeit gegeben.

Der Feind ist nicht blind

Unsere spezielle Befindlichkeit mag für uns selbst weniger auffällig gewesen sein, aber für unsere Feinde muss sie seit langem offensichtlich gewesen sein, denn sie haben unsere Schwäche schnell auf unterschiedliche Weise ausgenutzt.

Die kurdischen Gruppen haben im Laufe der Geschichte wohl am besten unser Handicap verstanden und ausnutzen können. Das Verhältnis zwischen Assyrern und Kurden, dass früher durch reine Sklaverei gekennzeichnet und von kurdischen Clans dominiert war, welche absolute Loyalität verlangten, hat sich in neuerer Zeit in eine Art politische Sklaverei verwandelt. Statt der kurdischen Clans sind es heute kurdische politische Gruppen, die Loyalität einfordern und sich jeweils ihrer assyrischen Organisation bedienen, die ihnen gehorcht. Während der Missionar Henry Lobdell im 19. Jahrhundert die Ausnutzung der Assyrer seitens der Kurden als Sklaverei bezeichnete, sehen die Abendländer dies inzwischen als etwas Positives und sprechen in diesem Hinblick vom Schutz der Kurden von „christlichen Gruppen". Es gibt mehrere Beispiele, die zeigen, dass die Kurden seit langem über den mentalen Zustand der Assyrer Bescheid wissen. Ein offensichtliches solches ist das alte kurdische Sprichwort „Töte einen und hundert fliehen". Ein anderes Beispiel stammt aus dem Massaker von Simele. 1933 sagte der Gouverneur des Bezirks Amediyah im Nordirak, der Kurde Majid Baik, während eines Treffens bezüglich der Probleme, Assyrer von Hakkari in dem Gebiet anzusiedeln, Folgendes zu den britischen Offizieren:

> Ihre Taktik ist schwach [...] Geben Sie uns den Befehl und wir werden die Peitsche tragen. Dem Assyrer, der nicht gehorcht, werden wir den Kopf einschlagen, seine Hände fesseln und ihn in den Südirak schicken, bis er dort stirbt[.] Wir sind Kurden, und wir und die Assyrer kennen uns gut. [26]

Für einen Außenstehenden mag die Formulierung „[w]ir sind Kurden und wir und die Assyrer kennen uns gut" nichtssagend sein, aber wir verstehen ihre Bedeutung. Er gab damit deutlich der Ansicht Ausdruck, dass die Kurden den schwachen Punkt der Assyrer gut kennen.

Drei Jahrzehnte später, 1961, stellte Mullah Mustafa Barzani den Assyrern ein Ultimatum, das im Prinzip lautete: „Entweder nehmt ihr am Kampf der Kurden gegen den irakischen Staat teil oder wir greifen euch an." Wie Majid Baik vor ihm kannte Barzani den Mangel der Assyrer an Eigenverantwortlichkeit sehr gut und zog daraus maximalen Nutzen.

Die Kurden sind jedoch nicht die Einzigen, die unsere Schwäche erkannt haben. Es ist kein Zufall, dass sich der Diktator Saddam Hussein mit Assyrern in verschiedenen Positionen umgab. Auch er hatte erkannt, dass von ihnen keine Gefahr ausgehen würde.

Die Feinde haben von unserem schwachen Punkt nicht nur gewusst und ihn für sich ausgenutzt, sondern auch Methoden entwickelt, um dafür zu sorgen, dass wir passive Opfer bleiben. Eine solche Methode sind gezielte Morde an Führerfiguren. Der Katholikos-Patriarch Mar Benyamin Shimun XIX., der Politiker Francis Shabo und der Milizenführer David Jendo sind drei Beispiele für assyrische Führer, die von kurdischen Gruppen arglistig ermordet worden sind. Die Angriffe auf Menschen in Führungspositionen sind eine effektive Art, eine neue Injektion des Traumas zu verabreichen und den Mangel des assyrischen Kollektivs an Eigenverantwortlichkeit zu verstärken. Ein Mord an einer öffentlichen Person ist für jedes Kollektiv erschütternd, aber bei einer Gruppe, die bereits an schweren Traumata leidet, haben solche Ereignisse einen noch viel stärkeren psychologischen Effekt. Mit einem einzigen Mord an einer öffentlichen Figur können die Gegner eine Schockwelle innerhalb der Gruppe auslösen und das gesamte Kollektiv mit einer neuen Welle der Ohnmacht überspülen. Es ist eine effektive Methode, eine Gruppe weiter zu unterjochen, ohne Gefahr zu laufen, dass die Umwelt allzu kritisch auf sie blickt.

Mut ohne Nutzen

Interessanterweise sind die Assyrer bei ihrer Kriegsführung als solcher meistens erfolgreich gewesen. Die Verteidigung von Ainwardo, Beth Zabday und anderen assyrischen Ortschaften während des Völkermords war eine einzigartige Leistung. Ganz besonders haben sich die Assyrer von Hakkari hervorgetan. Deren viele Siege gegen die osmanischen Streitkräfte entlang der Grenze zu Persien während des Ersten Weltkriegs sind beeindruckend. Britische Generäle zu jener Zeit sprachen ihre Bewunderung für ihre militärischen Fähigkeiten aus. Araber und Kurden fürchteten sie an den Kriegsschauplätzen. Stafford schrieb sogar: „Allgemein betrachtet und von den Irakern bestätigt war ein Assyrer so viel wert wie drei arabische Soldaten".

So liegt es nahe zu glauben, dass eine militärisch erfolgreiche Gruppe von ihren Taten angespornt wird und größeres Selbstvertrauen gewinnt, um ihren Kampf zu Ende zu führen. Wir sehen jedoch deutlich, dass dies in unserem Fall nicht eingetroffen ist. Die Erfolge auf den Schlachtfeldern führten nicht zu einem weiteren Kampf. Stattdessen nahm unser Kampfgeist ab, sobald sich der Kontext änderte, und insbesondere, als die Unterstützung von außen eingestellt wurde.

Unser Mut reichte auch nicht aus, um unseren offensichtlichen Mangel an Selbstvertrauen vor den westlichen Machthabern zu kaschieren. Für Briten und andere scheint es recht früh deutlich gewesen zu sein, dass sie es mit einem Kollektiv mit schwacher Handlungsfähigkeit zu tun hatten. In den Augen der Westmächte erschienen die Assyrer als politische Bettler, die es, im Unterschied beispielsweise zu den jüdischen oder armenischen Bewegungen jener Zeit, nicht vermochten, auf eigenen Beinen zu stehen. Der hilflose Bettler wird nur zur Last, während der Zielbewusste und Tatkräftige eine Ressource als Verbündeter sein kann. Aus dieser Perspektive betrachtet ist es leichter zu verstehen, warum die assyrische Frage relativ schnell in der internationalen politischen Arena nur noch ein Schattendasein fristete, während die armenische und die zionistische Frage nach dem Ersten Weltkrieg mehr und mehr Unterstützung fanden.

Ungeachtet dessen, wie mutig und erfolgreich wir auch auf dem Schlachtfeld waren, sind wir nicht in der Lage gewesen, unsere gewohnheitsmäßigen Verhaltensmuster zu durchbrechen. Die totale Abwesenheit des Glaubens an unsere eigenen Fähigkeiten war und ist ein ganz zentraler Punkt und auch heute noch übermächtig. All unser Mut ist deshalb für uns selbst völlig nutzlos gewesen und wird es weiterhin sein. Wir können nur darüber spekulieren, wie es gelaufen wäre, wenn wir unseren Mut und unser militärisches Geschick in erster Linie für unsere eigenen Interessen eingesetzt hätten.

Warten auf eine Befreiungsbewegung

Die von den Briten unterstützte assyrische Streitkraft führte keinen nationalen Befreiungskampf durch. Auch lässt sich von der assyrischen Guerillabewegung im Nordirak ab den 1960er Jahren nicht behaupten, Teil eines solchen Kampfes gewesen zu sein. Wären diese Einsätze Teil eines nationalen Befreiungskampfes gewesen, hätten wir eine eigene, unabhängige Tatkraft gezeigt. Die Assyrer hätten auch ohne Unterstützung von außen gekämpft und auch weitergemacht, nachdem die externe Unterstützung ausblieb und die Umstände sich veränderten.

Die Geschichte zeigt, dass ein bewaffneter Kampf für im Prinzip jede Befreiungsbewegung eine Notwendigkeit war. Gleichzeitig können wir feststellen, dass wir nicht in der Lage waren, für unsere Ideologie ohne Umwege zu kämpfen. Es stellt sich daher die Frage, ob wir überhaupt von einer assyrischen Befreiungsbewegung im eigentlichen Sinne des Wortes sprechen können. Es ist wohl nicht nur eine Behauptung, wenn wir sagen, dass wir von der Unabhängigkeit Assyriens geträumt, sie uns gewünscht und für sie gearbeitet haben. Wir haben dies jedoch in Handlungen zum Ausdruck gebracht, die sich darauf beschränkten, die assyrische Frage als eine von externen Mächten abhängige zu betrachten und nicht in Form eines eigenen Beschlusses. Wir haben für unser Assyrien gekämpft, indem wir den Interessen anderer dienten, in der Hoffnung, dadurch ihre Unterstützung zu bekommen. Wir haben uns darauf beschränkt, zu beten, zu bitten und unser Leiden vorzubringen, um so Sympathien zu wecken. Der primäre Zweck unseres bewaffneten Kampfes hat nie im Erreichen unserer eigenen politischen Ziele wie der legitimen Kontrolle über das assyrische Territorium gelegen. Die Tatsache, dass wir uns weder damals noch heute gefragt haben, warum die erfolgreiche assyrische Streitkraft nach Ende des Ersten Weltkriegs oder die assyrische Guerilla nach dem Fall des Regimes von Saddam aufgelöst wurden, ist an sich schon ein Beweis für die Wirkungen der Opfermentalität. Wir waren und sind von einem Mangel an Eigenverantwortlichkeit in solchem Ausmaß gesteuert, dass wir es uns nie haben vorstellen können, auf eigene Faust weiterzukämpfen. Die Waffen niederzulegen, sobald sich die Umstände veränderten oder die externe Unterstützung entzogen wurde, ist immer als die selbstverständlichste Sache der Welt angesehen worden.

Unser Handeln im Kampf deckt daher mehr als alles andere unseren psychologischen Zustand auf und erklärt, warum aus der Befreiung Assyriens nie etwas geworden ist. Wir müssen daher mit Bitterkeit feststellen, dass eigentlich nie ein einziger Schuss von einem Assyrer für Assyrien abgefeuert worden ist. Diese Behauptung mag für viele innerhalb der assyrischen Bewegung

schockierend sein. Dies liegt aber daran, dass wir ein falsches
Narrativ entwickelt haben. Wir scheinen diese Anstrengungen
nicht als das sehen zu wollen, was sie in Wirklichkeit waren, und
projizieren stattdessen unsere kollektiven Wünsche auf sie und
erhöhen sie zu etwas völlig anderem. Die Bewegung hat uns aktiv
gelehrt, stolz zu sein und die Kämpfe als heroische Einsätze für
die Befreiung Assyriens zu betrachten. Dies, um den historischen
Mangel an selbständiger Tatkraft und damit ihren einer Krankheit
ähnelnden Zustand zu verdecken.

V

Die krankende Bewegung

Der Bewegung des Assyrismus ist zwar die Geburt der modernen assyrischen Nation gelungen, deren Existenz zu sichern, ist jedoch fehlgeschlagen. Trotz all der Anstrengungen in mehr als hundert Jahren glänzen die Erfolge mit ihrer Abwesenheit. Es sind verschiedene Faktoren, die dabei ineinandergegriffen und der Katastrophe den Weg geebnet haben, deren wir nun Zeuge werden.

Der Glaube an eine Rettung von außen

Die wichtigste Ursache für den Misserfolg der assyrischen Bewegung ist ihre Unfähigkeit, zu der Einsicht zu gelangen, dass die Rettung der Volksgruppe selbst in die Hand genommen werden muss. Stattdessen ist sie weiterhin der Überzeugung, dass der Weg zur Erlösung über die Umwelt verläuft. In vielerlei Hinsicht hat sich die assyrische nationalistische Arbeit in den letzten hundert Jahren deswegen darauf konzentriert und darauf beschränkt, um Hilfe und Unterstützung zu bitten. Der assyrisch-kanadische Politikwissenschaftler Michael Youash hat hierauf als Erster hingewiesen. In Texten und Vorlesungen hat er unter anderem festgestellt:

> Die Assyrer müssen beginnen einzusehen, dass die Sichtweise, die assyrische Frage werde von außen bestimmt, zu unserer totalen Abhängigkeit von westlichen Mächten für unsere Rettung und von feindlichen Nachbarn für Gnade geführt hat. Nichts davon

ist uns widerfahren, und dennoch investieren wir weiterhin in dieses missglückte Modell. [27]

Andere nationale Bewegungen sind bereits früh zu dieser wichtigen Einsicht gelangt. Die Führer des Zionismus haben beinahe unmittelbar den Glauben an eine Rettung durch andere aufgegeben. In einer Rede von 2004 des damaligen israelischen Premierministers Ariel Sharon über den Gründer des Zionismus, Theodor Herzl, erklärte er Folgendes:

> Vor Herzl sahen sich die Juden in der Welt als ein Volk, dessen Schicksal von der Willkür der Umwelt abhing. Herzl hatte verstanden, dass wir Herr über unser eigenes Schicksal werden müssen. Nach seinem Treffen mit dem türkischen Sultan 1901 schrieb er: „Vertraut nicht auf die Hilfe von Fremden, vertraut auch nicht auf deren Generosität, und hofft nicht darauf, dass Steine weich werden: weil Wohltäter höchstens einen demütigenden Beistand geben und weil Steine nicht weich werden, muss eine Nation, die aufrecht stehen will, all ihr Vertrauen in sich selbst setzen." [28]

Im Fall der Assyrer hat die tief verwurzelte Opfermentalität bei der Mehrheit der engagierten Menschen bis heute den klaren Blick in dieser Hinsicht verhindert. Die Bewegung handelt daher weiterhin in dem Glauben, dass die Rettung von außen kommen wird. Einzelne Individuen, die dieses vorherrschende Denkmuster in Frage gestellt haben, wurden ignoriert, wie im Falle Jacques Goreks vor hundert Jahren.

Planlose Arbeit

Eine direkte Folge dessen, nicht an die eigene Kraft zu glauben, das Schicksal selbst in die Hand nehmen zu können, ist der Mangel an einer langfristigen Planung. Statt konkrete und langfristige Pläne für ihre Zukunft auszuarbeiten, zeichnet sich die assyrische Bewegung durch kurzsichtiges Denken und Handlungsunfähigkeit aus. Dies hat dazu geführt, dass sie den Umwälzungen, die im Nahen Osten geschehen sind, völlig unvorbereitet gegenüberstand. Unser Kollektiv reagiert auf Ereignisse, statt von unseren eigenen Zielsetzungen ausgehend zu handeln. Sie hat folglich die Entwicklungen nicht zu ihrem Vorteil genutzt oder Pläne entwickelt, um ihre strategischen Möglichkeiten zu schützen. Beispielsweise sind große Teile der beträchtlichen assyrischen Demografie, die es in Assyrien gab, vor der Nase der Bewegung in den hundert Jahren der assyrischen Bewegung verloren gegangen. Wenn einem der Glauben daran fehlt, dass man seine eigene Zukunft beeinflussen kann, wird man keine langfristigen Pläne ausarbeiten. Warum etwas planen, von dem man glaubt, dass man es doch nicht beeinflussen kann? Der Unterschied zu anderen Akteuren ist auch in diesem Punkt deutlich. Zum Beispiel war die zionistische Bewegung in der Lage gewesen, Jahrzehnte im Voraus zu planen und auf selbst gesteckte Ziele zielbewusst hinzuarbeiten.

Ein anderes Kennzeichen der assyrischen Bewegung, das mit dem Mangel an Planung und Strategie zusammenhängt, ist die Abwesenheit eines offensiven Denkens. Sie wagt es nicht, ihre Interessen zu behaupten, kühne Beschlüsse zu fassen und Gelegenheiten am Schopf zu ergreifen. Stattdessen ist sie von einer übertriebenen Vorsicht durchdrungen. Unsere defensive Einstellung führt dazu, dass wir keine Lösungen und Möglichkeiten sehen, sondern vor allem Probleme und Gefahren in jeder gegebenen Situation. Genauso wichtig wie das Vertrauen in sich selbst und die Fähigkeit, langfristig zu planen, ist das Vermögen, offensiv zu denken und zu handeln, nicht zuletzt, weil wir nur noch sehr wenig zu verlieren, aber enorm viel zu gewinnen haben.

Lähmende Einigkeit

Eine weitere zu den Misserfolgen der assyrischen Bewegung beitragende Ursache ist die falsche Überzeugung, dass sich ein Erfolg nur dann einstellen kann, wenn man absolute Einigkeit erzielt hat. Diese Denkweise hat sich beinahe wie ein religiöser Glaubenssatz bei den Assyristen festgesetzt. Sie basiert auf der Annahme, dass die Unterstützung seitens der Umwelt und die Rettung der Assyrer nur unter der Bedingung möglich ist, dass die Volksgruppe völlig geeint sein muss. Viele leben bis heute in dem Glauben, dass der Grund, warum die Unterstützung der Umwelt ausgeblieben ist, in der Zersplitterung der Volksgruppe zu finden ist, und sie sind weiter darauf aus, diese Einigkeit zu jedem Preis zu erreichen. Statt sich auf die praktische Arbeit für das Erreichen ihrer Ziele zu konzentrieren, ist die Bewegung in diesem Dilemma verstrickt und wird dadurch paralysiert. Eine Einigkeit hat sich trotz jahrzehntelangen Wunschdenkens und Flehens, trotz Beschwichtigungen und zahlreichen Kompromissen nicht eingestellt. Das Streben nach Einigkeit hat stattdessen dazu geführt, dass die Bewegung von den Grundsätzen ihrer Ideologie abgewichen ist, um die anti-assyrischen Bewegungen innerhalb der Volksgruppe zu besänftigen. Aber trotz all dieser Selbstdemütigungen glänzt eine Einigkeit weiterhin mit ihrer Abwesenheit.

Wer bereit ist, seinen Blickwinkel etwas zu erweitern, den wird es nicht verwundern, dass die so begehrte Einigkeit nicht verwirklicht worden ist. Die Geschichte zeigt, dass Einigkeit eine Utopie ist und dass Volksgruppen und politische Bewegungen sich eher durch Zersplitterung als durch Einigkeit auszeichnen. Dass wir dennoch blind auf die Einigkeit gestarrt haben, beruht im Grunde ein weiteres Mal auf unserer Opfermentalität und dem sturen Glauben an eine Rettung von außen. Die Bewegung hat es nicht vermocht einzusehen, dass externe Unterstützung auf dem Prinzip von gemeinsamen Interessen beruht. Wenn sich die Interessen eines externen Akteurs mit den Interessen der Assyrer decken, wird Hilfe kommen, unabhängig davon, ob wir geeint sind oder nicht. Damit sich aber solche Gelegenheiten ergeben, ist es erforderlich, dass wir uns aktiv für unsere Interessen einsetzen und nicht gelähmt dastehen und von einer utopischen Einigkeit jammern.

Organisation auf primitiven Grundlagen

Ein Paradox und zugleich eine Schwäche innerhalb der Bewegung besteht darin, dass sie eine nationale Einigkeit angestrebt, sich gleichzeitig aber in keiner Weise angestrengt hat, eine interne ideologische Einigkeit zu erzielen. Keiner der politischen Organisationen, die sich zum Assyrismus bekennen, ist es nämlich gelungen, ein pan-assyrisches Organ ins Leben zu rufen. Stattdessen haben sie sich entsprechend den bestehenden Unterschieden innerhalb der Volksgruppe entwickelt. Wir haben somit Institutionen gebildet, die auf unterschiedlichen Gruppenidentitäten wie Kirchen- und Dialektzugehörigkeit und der geografischen Herkunft aufbauen. Die Mitglieder sind entweder West- oder Ostassyrer und die Organisationen entweder in Syrien, der Türkei, im Iran oder im Irak tätig und so weiter. Wenn es die Assyristen aber ernst mit ihrer Ideologie meinen, müssen sie es in der Praxis unter Beweis stellen. Es passt nicht zusammen, auf der einen Seite zu predigen, dass wir alle ein und derselben Nation angehören, gleichzeitig aber die Volksgruppe nach Kirchenzugehörigkeit, Dialekt oder geografischer Herkunft aufzuteilen. Obwohl die Bewegung seit über hundert Jahren besteht, ist es ihr nicht gelungen, Organisationen aufzubauen, die die Ideologie in diesem Punkt in die Praxis umsetzen. Die Organisation, wie sie heute stattfindet, baut somit immer noch auf primitiven sozialen, geografischen und kulturellen Mustern auf. Die ideologische Zugehörigkeit muss aber vor diesen sozialen Strukturen kommen, wenn wir es mit unserer Ideologie ernst meinen.

Fehlende Zusammenarbeit

Trotz jahrzehntelanger Arbeit haben sich die politischen Anstrengungen der Bewegung nicht weiterentwickelt. Eines der eher offensichtlichen Zeichen hierfür ist die Tatsache, dass es den Akteuren nicht gelungen ist, eine gemeinsame Plattform zu bilden, die in einem gemeinsamen Interesse gründet. Während im Prinzip alle Interessengruppen auf der ganzen Welt Plattformen für eine Zusammenarbeit gebildet haben, sind die assyrischen Organisationen Eigenbrötler geblieben, die jede für sich tätig ist. Es ist ihnen nicht gelungen, einen gemeinsamen Rahmen für Zusammenarbeit und den Austausch von Meinungen zu schaffen. Alle Versuche in diese Richtung sind gescheitert. Dies ist paradox für eine Bewegung, die sich so stark auf die Frage einer geeinten Nation fixiert hat, ohne selbst in der Lage zu sein, interne Gespräche zu führen und untereinander zusammenzuarbeiten. Dies bedeutet, dass die Assyrer auch heute noch weit davon entfernt sind, etwas auszuüben, was einer nationalen Beschlussfindung ähneln würde. Der Mangel an Koordination und Zusammenarbeit signalisiert der eigenen Volksgruppe, dass es an einer reifen Bewegung fehlt, gleichzeitig sorgt die große Anzahl an selbsternannten Repräsentanten nach außen für Verwirrung bei der Umwelt.

Mangel an Intellektualismus und höherem Ideal

Die Assyrer haben im letzten Jahrtausend an der Peripherie der Zivilisation gelebt. Seit Jahrhunderten werden wir intellektuell und kulturell ärmer und ärmer. Auch wenn viele von uns seit Jahrzehnten im Westen leben, eine höhere Ausbildung genossen haben und materiellen Wohlstand erreicht haben, leben wir als Kollektiv weiter in intellektueller Armut. Es herrscht weiter ein Mangel an Bildung, Aufklärung und, wie es Ashur Yousuf vor mehr als hundert Jahren formuliert hat, „höherem Ideal" vor. Innerhalb der nationalen Bewegung gibt sich diese intellektuelle Armut in Form von politischer Unreife zu erkennen. Viele engagierte Assyrer lassen ihre Sinne, ihre Zeit und Energie von persönlichen Beziehungen und Konflikten dominieren. Der Fokus liegt eher auf persönlichen Machtpositionen, Revierdenken und der Aufrechterhaltung einer primitiven Gruppenloyalität, die sich zum Beispiel auf Verwandtschaft gründet. Die Diskussionen werden von Verschwörungstheorien und von Analysen durchsetzt, die auf Gefühlen statt auf Fakten basieren. Selten stehen Ideen, Ideologie, Ziele oder Strategien im Fokus und werden debattiert. Die intellektuelle und politisch bewusste Klasse, die für die Entwicklung einer höheren politischen Kultur und Organisation erforderlich ist, ist zum großen Teil noch immer nicht vorhanden.

Eine weitere Eigenheit, die die Bewegung gehemmt hat, ist die sogenannte Mentalität des Nahen Ostens. Sie besteht aus einer Reihe von Lebenseinstellungen und sozialen Fragen, die primitiv sind und die die westliche Welt seit langem größtenteils hinter sich gelassen hat. Das jahrhundertelange Dasein als Minderheit hat bewirkt, dass es den Assyrern schwergefallen ist, sich gegen die Internalisierung bestimmter typischer Züge der Mehrheiten zu wehren. Unter diesen sticht vor allem die Laissez-faire-Haltung im Alltag heraus. Sie bedeutet, dass Regeln und Vorschriften, die Ordnung und Struktur sicherstellen, in den Hintergrund gedrängt und unwichtig werden. Verstöße werden ignoriert und ziehen keinerlei Konsequenzen nach sich. Im Organisationszusammenhang bedeutet eine solche Einstellung ein wachsendes Chaos und dass eine schlaffe Organisationskultur zur Normalität wird. Das Phänomen spiegelt sich in den dysfunktionalen Gesellschaften im Nahen Osten wider, wo dieses Verhalten ein natürlicher Bestandteil der Norm und Kultur ist. In einer solchen Kultur sind nicht Ziele und Ideologie am wichtigsten, sondern die eigenen Interessen und soziale Beziehungen. Führerschaft und Beschlussfassung werden nicht von der Abwägung zwischen richtig oder falsch gelenkt, sondern von persönlichen Belangen und Interessen. In einer solchen Organisationskultur gedeihen Korruption, Vetternwirtschaft und Mangel an Disziplin. Verstöße werden totgeschwiegen und unter den Teppich gekehrt in dem Glauben, dass man auf diese Weise die Ehre und das Ansehen der Gruppe oder der Organisation schützt. So werden die Organisationen mit der Zeit Unterschlupf für Individuen mit zweifelhaften Interessen und Beweggründen. Insgesamt führen all diese Umstände dazu, dass es assyrischen Institutionen immer wieder misslingt, eine Organisationskultur zu entwickeln, die Seriosität, Disziplin und ideologische Hingabe fördert.

Ideologische Aushöhlung

Konfrontiert mit einer Realität und einer Entwicklung, auf die Einfluss zu nehmen sie nicht in der Lage war, hat die assyrische Bewegung in der Praxis nach und nach ihre eigene Ideologie aufgegeben. Sie ist von einem Prinzip nach dem anderen zurückgetreten und hat sich den herrschenden Verhältnissen angepasst, statt daran zu arbeiten, die Wirklichkeit selbst gemäß

ihrer Ideologie umzuformen, was die Aufgabe und Existenzberechtigung einer jeden ideologisch getriebenen Bewegung ist.
Statt für eine Einigung der Volksgruppe unter einer Identität
und Bezeichnung zu arbeiten, hat sie unterschiedliche Identitäten und Bezeichnungen akzeptiert. Statt für eine assyrische
Selbstbestimmung zu arbeiten, ist sie dazu übergegangen, an ein
assyrisches Überleben unter Besatzung zu glauben und darum
zu bitten. Statt die Kirche von der Politik zu trennen, nimmt
sie die Einmischung der Kirche an und heißt sie willkommen.
Statt unsere Gruppenzugehörigkeiten zu lockern, hat sie dazu
beigetragen, geografische, kirchliche und dialektale Teilungen
aufrechtzuerhalten. Was auf dem Papier als assyrische Organisationen erscheint, sind in der Praxis türkische, syrische, iranische
oder irakische Parteien geworden, die in immer größerem Umfang als christliche Gruppen benannt werden, statt einer Volksgruppe zugehörig zu sein.

Diese Aushöhlung ideologischer Prinzipien und Ziele ist das
Ergebnis eines Unvermögens, der Umwelt durch praktisches
Handeln zu begegnen. Die so untergrabene Ideologie trägt ihrerseits dazu bei, die Bewegung in ihrem Innern zu schwächen. Die
Diskrepanz zwischen Wort und Handlung wird selbst dem ver-
bissensten Anhänger immer mehr offenbar. Das führt dazu, dass
die Ideologie und die Bewegung immer mehr von ihrer Anzie-
hungskraft verlieren. Zusammenfassend müssen wir feststellen,
dass sich der Zustand der assyrischen Bewegung, statt sich zu
erholen, kontinuierlich verschlimmert hat.

VI

Begegnung mit der Umwelt

Die kollektive Opfermentalität hat sich nicht nur auf das Handeln der assyrischen Bewegung ausgewirkt, sondern auf das der gesamten Volksgruppe. Während wir in der früheren Geschichte oftmals zu denen gehörten, die Einfluss auf ihre Umwelt nahmen, sind wir in neuer Zeit unaufhörlich von dieser geformt und klein gemacht worden.

Die Unprivilegierten

Auch wenn die Zeit des Kolonialismus seit langem passé ist, sind dessen grundlegende Einstellungen und Haltungen in neuen und subtileren Formen weitertransportiert worden. Gruppen, denen es gelungen ist, sich freizumachen und eigene Nationalstaaten zu bilden, brauchen sich nicht mehr sonderlich mit den postkolonialen Verhaltensweisen zu beschäftigen, mit denen sich Assyrer und andere staatenlose Nationen weiter konfrontiert sehen. Die selbständigen Völker haben Ressourcen, und ihre Stimme genießt eine entsprechende Legitimität. Als Staatenlose haben Assyrer diese Privilegien nicht. Wir sind weiterhin in großem Ausmaß der Meinung, dem Denken, dem Etikettiertwerden und nicht zuletzt dem Kleingemachtwerden von Fremden ausgeliefert.

Vor allem im Westen sehen sich einige im Recht, Fragen bezüglich der Identität, des Ursprungs und der Kultur der Assyrer entscheiden zu können. Der Fremde will uns sagen, wer wir sind, welche Sprache wir sprechen und sogar, welchen politischen Weg wir einschlagen sollten. Dieser paternalistischen Gesinnung wird vor allem unter dem Deckmantel der Forschung Ausdruck gegeben. Einige Wissenschaftler, die kaum akzeptieren würden, dass sich Assyrer dieselben Freiheiten bezüglich ihres Ursprungs nehmen, widmen sich der Formulierung eigener Vorstellungen darüber, wer wir sind, und erwarten, dass wir den Schablonen folgen, die sie festgelegt haben.

Die heuchlerische Forschung

Ein typisches Beispiel dafür, wie uns postkoloniale Haltungen zugesetzt haben, ist die Forschung der westlichen Länder zur assyrischen Sprache. Obgleich wir seit Tausenden von Jahren unsere Sprache selbst konsequent als assyrisch bezeichnen, behaupten westliche Forscher unbeirrt anderes. Sie haben den Ursprung überall außer in Assyrien gesucht. Die Absurdität dieser Einstellung wird vollends offenbar im Vergleich damit, wie man andere Volksgruppen und deren Sprache behandelt. Dänisch, Norwegisch und Schwedisch sprechende Menschen verstehen sich im Prinzip, ohne dass sie Bedarf für eine Übersetzung haben. Was praktisch drei Dialekte ein und derselben Sprache sind, wird als drei einzelne nationale Sprachen respektiert. Wir aber sollen auf der anderen Seite nicht in den Genuss dieses Privilegs kommen, sondern werden ein ums andere Mal darüber belehrt, dass unsere Sprache eigentlich nicht zu uns gehört.

Auch nicht die assyrische Schrift hat dieser vermeintlich gut gemeinten Einstellung entkommen können. Westliche Gelehrte haben sich die Freiheit genommen, die drei assyrischen Schriftstile nach den kirchlichen Ausrichtungen zu klassifizieren. So sind wir darüber aufgeklärt worden, dass wir eine chaldäische, eine syrische und eine nestorianische Schrift haben – eine erfundene Einteilung und Klassifizierung, der in unserer Geschichte und Schriftkultur jegliche Relevanz fehlt.

Westliche Nationen nehmen sich seit langem das Recht, sich selbst zu identifizieren und ihre Sprachen so zu klassifizieren, wie es zu ihrer nationalen Identität passt, während staatenlosen Nationen aus anderen Teilen der Welt dasselbe Recht im Namen der behaupteten objektiven Wissenschaft verweigert werden kann. Es ist offensichtlich, dass die Wissenschaft in diesen Belangen oftmals ein Werkzeug dafür ist, die einen zu legitimieren und die anderen klein zu machen. Sprache ist ein wichtiges identitätsstiftendes Element, das für die Bildung einer Nation von Bedeutung ist. Die heuchlerische Forschung, die uns weiterhin unsere Sprache abspricht, trägt so dazu bei, unserem weiteren Nationsbildungsprozess Steine in den Weg zu legen.

Herunterspielen und in Frage stellen

Der Kampf staatenloser Nationen für Freiheit wird von der Umwelt gerne in Frage gestellt und heruntergespielt. Unter anderem wird behauptet, dass die Welt nicht funktionieren könne, wenn jede ethnische Gruppe einen eigenen Staat haben soll. Das Streben nach Selbstbestimmung wird dabei nicht selten als engstirniger Kampf für eine eingebildete Gemeinschaft beschrieben. Ethnischer Nationalismus wird negativ beschrieben und der Kampf für ethnische Rechte mit der Unterdrückung anderer gleichgestellt. Für diese Sichtweise setzen sich meistens Abendländer ein, die seit Generationen all jene Privilegien genießen, welche von ihren eigenen ethnischen Mehrheitsstaaten gesichert wurden. Mal heißt es, dass die Zeit des Nationalstaats vorbei sei, mal, dass die Assyrer und andere lernen müssen, als Minderheiten unter den Mehrheiten zu leben, die sie weiter unterdrücken und, im Falle der Assyrer, vertreiben und massakrieren. Diese Sichtweise wird als die aufgeklärte Denkweise verkauft, die über dem eingeschränkten Nationalismus jener steht, die selbst das Resultat eines vollendeten Nationalismus sind. Dies ist eine herabsetzende Haltung, die darauf abzielt, Minderheiten zu demoralisieren, schändlich zu machen und in Misskredit zu bringen, vor allem aber, um anderen die Rechte und Privilegien zu verwehren, die man selbst für selbstverständlich hält und die man täglich stärkt und aufrechterhält, ohne sie auch nur im geringsten in Frage zu stellen.

Psychologische Kriegsführung

Neben der Herabsetzung vonseiten des Westens sind die Assyrer wie auch andere staatenlose Volksgruppen Opfer einer psychologischen Kriegsführung seitens der Mehrheit gewesen. Um eine Besatzung langfristig aufrechterhalten zu können, können sich die Machthaber nicht nur auf Waffenstärke verlassen. Auf lange Sicht ist die psychologische Kriegsführung wirksamer. Dabei geht es darum, den Okkupierten das Gefühl einzuimpfen, dass sie innerlich schwach und nicht in der Lage sind, auf eigenen Beinen zu stehen. Der lange Zeitraum, in dem wir unterdrückt worden sind, hat dazu beigetragen, dieses Gefühl in uns zu verstärken. Viele haben die Einstellung der Besatzer verinnerlicht und sich selbst eingeredet, dass es so sein soll, wie es ist. Die psychologische Kriegsführung zielt weiter darauf ab, den Okkupierten das Gefühl zu geben, sich ihrer Kultur zu schämen. Dies ist einer der Gründe dafür, dass verschiedene Gruppen von Assyrern ihre Sprache zugunsten jener der Besatzer aufgaben. Es gibt viele Beispiele dafür, wie Assyrer herabsetzende Urteile über die assyrische Sprache und die Landsleute abgeben, die noch daran festhalten. Machthaber und Mehrheiten in Assyrien haben alle ein Interesse daran, ein bestimmtes Bild von den Assyrern zu erzeugen und das Gefühl der Schwäche, der Unterlegenheit und des Unvermögens zu stärken.

Untergebenheit

Nach Jahrhunderten eines Daseins in Unterdrückung haben wir ein Gefühl der Unterlegenheit entwickelt, das eng mit der Opfermentalität verknüpft ist. Dieses Minderwertigkeitsgefühl manifestiert sich auf verschiedene Weise in unseren Begegnungen mit der Umwelt. Wir haben einen übertriebenen Respekt gegenüber den Abendländern, wenn diese uns erklären wollen, wer wir sind und wer wir nicht sind. Einem Nichtassyrer, der sich für uns interessiert, wird weit mehr Respekt, Interesse und Wertschätzung entgegengebracht, als wenn diese Person eine von uns wäre. Wir überschütten westliche Sprachforscher mit Titeln wie „Meister der Meister", huldigen ihnen und verehren sie, während Assyrer, die mehr für die Sprache getan haben, in Vergessenheit geraten und ihre Taten selten genannt werden oder kaum bekannt sind. Wir haben unser Kleingemachtwerden seitens der Umwelt internalisiert und normalisiert. Dies wird deutlich, wenn wir beispielsweise Außenstehenden erklären sollen, wer wir sind, indem wir uns als „christliche Minderheiten in Syrien, Irak, Iran und der Türkei" beschreiben. Wenn wir uns auf diese Weise ausdrücken, machen wir uns selbst klein und legitimieren die Besatzungsmächte, ohne uns darüber bewusst zu werden. Eine Minderheit zu sein, ist nicht unsere Identität, sondern ein Zustand, in dem wir uns befinden und den wir darüber hinaus nicht selbst gewählt haben. Wir sind nichts von dem, was nie wir selbst gewählt haben, sondern was uns durch Völkermord, ethnische Säuberungen, Unterdrückung, Herabsetzung und Anonymisierung aufgezwungen wurde.

Die Antwort auf die ewige Frage

Wenn wir die Phänomene und Verhaltensweisen, die in diesem Buch bisher benannt geworden sind, zusammenfassen, lässt sich ein Muster erkennen, das einiges darüber aussagt, was aus uns geworden ist. Es ist uns lange Zeit schwergefallen, eine korrekte und tiefgreifendere Analyse der Ursachen für unseren steten Rückgang durchzuführen. Wissenschaftliche Belege für die Existenz kollektiver Traumata und einer Opfermentalität sind relativ neu. Wer Teil der assyrischen Bewegung beispielsweise in den 1930er Jahren war, hatte keinen Grund, über diese Fragen auf dieselbe Weise nachzudenken wie heute, wo wir nicht länger die Augen verschließen können vor dem offensichtlichen Misserfolg. Wenn wir jetzt alle Puzzleteile zusammenlegen, wird das Bild deutlich und wir haben endlich die Antwort auf die Frage, die so viele von uns seit so vielen Jahrzehnten umgetrieben hat. Wir können nun erkennen, wie die Summe der Wirkungen unserer kollektiven Opfermentalität uns von innen wie ein schwarzes Loch verschluckt und wir keine Chance haben, auch nur in einem einzigen relevanten Punkt Fortschritte zu machen. Wir sind seit Jahrhunderten Gefangene und nicht in der Lage, uns aus diesem Klammergriff zu befreien oder uns gegen dessen zermürbende, destruktive Kräfte zu wehren. Mit einer Realitätsflucht in Form eines übertriebenen religiösen Eifers, der Unterwerfung vor Feinden, einer nationalen, allen Selbstvertrauens beraubten Bewegung und einer allgemeinen Apathie konnte das Endergebnis nichts anderes werden als die Katastrophe, deren Zeuge wir in den letzten hundert Jahren geworden sind. Als die Fähigkeit des Kollektivs, an die Eigenverantwortlichkeit zu glauben und sie zu fühlen, abgewürgt wurde, ist ein Vakuum entstanden, das mit einer Impotenz gefüllt wurde, die all unseren Anstrengungen jegliche Kraft geraubt hat.

VII

Die definitive Lösung

Seit mehr als zweitausend Jahren sind die Assyrer den Launen der Geschichte ausgesetzt gewesen. Über diesen langen Zeitraum haben wir dank der Gnade anderer überlebt. Diese langwährende negative Entwicklung hat uns an einen letzten und entscheidenden Scheideweg geführt.

Auflösung

Ein erschreckendes, aber gleichwohl mögliches Ende unserer langen Reise wäre, dass wir als Volksgruppe aufhören zu existieren. Der Kurs, auf dem wir uns derzeit befinden, führt geradewegs in diese Richtung. Stück für Stück löst sich das Gefühl einer Gemeinschaft auf. Neue Generationen wachsen in der Diaspora mit immer weniger Bezugspunkten zur Kultur und Identität ihrer Vorfahren heran. Wenn nichts geschieht, wird dies mit der Zeit die zwangsläufige Folge sein, wie bei einem Sterbenden, der langsam und friedlich einschläft. Einige zucken mit den Schultern und sehen diesen bitteren Kelch als unausweichlich an. Weit mehr unter uns meinen, dass es so weit niemals kommen wird. Sie stützen ihre Ansicht auf die Tatsache, dass wir Tausende von Jahre überlebt haben, obwohl wir staatenlos waren und eine Menge von Rückschlägen erleiden mussten. Sie folgen der Argumentationslinie, dass sich die assyrische Kultur und Identität verändern, aber nicht sterben wird, weil wir Überlebende sind und bleiben und weiter existieren werden, was auch immer kommen mag. Diese positive Einstellung bietet ein Gefühl der

Sicherheit. Aber es ist eine trügerische Sicherheit, die die Gefahr des Auslöschens erhöht, da sie zum Zurücklehnen einlädt, obwohl wir eigentlich Bedarf für ein Kräftesammeln haben.

Jene, die sich auf diese Weise zurücklehnen, werden nicht verstehen können, dass unser Überleben auf einfache Mechanismen und nicht auf irgendeine besondere Art der Überlebensfähigkeit zurückzuführen ist. Sie blenden aus, dass sich die Welt in rasendem Tempo verändert und dass die Verhältnisse, die lange das Überleben der Assyrer gesichert haben, nicht länger bestehen. Einer dieser Mechanismen war ein religiöses Verbot der Vermischung mit der nicht christlichen Mehrheit, das indirekt unser Überleben bis in unsere Tage hinein gesichert hat. Der andere Mechanismus besteht in der Tatsache, dass die Mehrzahl der Assyrer bis vor kurzem weiter in einem einheitlichen geografischen Gebiet in Assyrien gelebt hat. Heute sind beide dieser Mechanismen dabei, ihre Gültigkeit zu verlieren. Wir sind geografisch weit verstreut und leben weder in Assyrien noch in der Diaspora deutlich getrennt von der nicht assyrischen Mehrheit. Damit gibt es keine Bedingungen mehr, von denen man sagen könnte, dass sie uns garantieren, in Zukunft nicht in die Geschichtsbücher ausgemustert zu werden.

Ethnische Enklaven

Die Idee, der Volksgruppe eine neue Zukunft an einem anderen geografischen Ort als in Assyrien aufzubauen, ist in unterschiedliche Richtungen und in verschiedenen Epochen diskutiert worden. Vor ungefähr hundert Jahren standen die Hakkari-Assyrer kurz davor, mithilfe der Vereinten Nationen nach Lateinamerika verschifft zu werden. Heute lebt die Mehrheit der assyrischen Nation in Gebieten wie Australien, den Vereinigten Staaten von Amerika und Westeuropa. Manche sehen diese Entwicklung als eine mögliche Lösung. Sie meinen, dass die nationale Bewegung sich dafür einsetzen sollte, um diese demografischen Konzentrationen in der Diaspora zu erhöhen und zu stärken und so ein Überleben als Volksgruppe zu sichern.

Ethnische Enklaven führen jedoch zu einer Reihe ganz eigener Probleme, ohne dass sie eine endgültige Lösung bieten. Eine Enklave läuft leicht Gefahr, Ziel von Stigmatisierung und Verdächtigungen seitens der Mehrheitsgesellschaft zu werden. Das können wir bereits an den Orten sehen, wo es eine starke Konzentration von Assyrern oder anderen ethnischen Gruppen gibt. Über die Stigmatisierung hinaus kann man sich nicht von grundlegenden Bedingungen freimachen, die die Rolle der Minderheit in einer Gesellschaft diktieren und einschränken. Eine sichtbare Gruppe kann leicht Ziel für eine intensive Assimilierungspolitik oder für schlimmere Maßnahmen werden, wenn der politische Wind in der Mehrheitsgesellschaft aus einer weniger toleranten Richtung weht. Zukünftige Generationen werden darüber hinaus weniger davon begeistert sein, in Gebieten zu leben, die sehr wahrscheinlich als gefährdete und gefährliche Gebiete oder Ghettos aufgefasst werden. Ethnische Enklaven sind daher eine zu kurz gefasste Lösung, die auf kurze oder lange Sicht zu anderen Problemen führt. Im besten Fall wird es nur eine Art sein, die unausweichliche und endgültige Auflösung auf die lange Bank zu schieben.

Globales Kollektiv

Einige haben Ideen zu einer Art globalen Existenz für staatenlose Volksgruppen vorgebracht. Die Idee baut auf dem Gedanken auf, dass die Welt von heute fundamental anders und die Zeit der Nationalstaaten vorbei ist. Die Technologie wischt politische Grenzen aus und reduziert mit jedem Jahr die geografischen Abstände. Während die Mehrzahl der Menschen früher an ein und demselben Ort geboren wurden, gelebt haben und gestorben sind, sehen wir heute, wie die Gesellschaften immer beweglicher und mobiler werden. Wir können eine Zukunft ahnen, in der ein großer Teil der Menschen an einem Ort geboren wird, sein Leben an verschiedenen Orten lebt und vielleicht, wenn wir den fantasievollen Visionären Glauben schenken wollen, am Ende auf einem ganz anderen Planeten begraben wird. In einer Welt, die sich auf völlig neue Lebensbedingungen und Lebensmuster hin zubewegt, sollten wir darauf vorbereitet sein, jenseits unserer Komfortzone zu denken, so die Meinung derer, die hinter der Idee eines modernen Kollektivs stehen. Die Idee ist, dass die Assyrer ein globales und grenzenloses Netzwerk von miteinander verbundenen Communities aufrechterhalten und wie eine nicht territoriale Nation leben können.

Es besteht kein Zweifel, dass wir als Kollektiv schon heute aus den Möglichkeiten der modernen Welt Nutzen für unser Überleben ziehen. Das Problem liegt in der Vorstellung davon, dass diese Entwicklung eine endgültige Lösung der assyrischen Frage sein kann. Tatsache ist, dass nichts eine demografische Konzentration ersetzen kann, um eine lebendige Kultur und Identität aufrechtzuerhalten. Ethnische und nationale Identität ist ein Produkt und besteht dank einer geografischen Konzentration und kann über die Zeit auch nur weiterhin durch eine ausreichend dichte geografische Konzentration aufrechterhalten werden. Ohne einen Ort in der Welt mit einer assyrischen Mehrheit, verankert durch eine eigene assyrische Führung, wird die weit verstreute Volksgruppe langsam, aber sicher und ungeachtet aller Anstrengungen dahinschwinden. Ein gut funktionierendes globales Kollektiv kann bestenfalls das unausweichliche Ende aufschieben. Die moderne Welt mit all ihren gegenwärtigen und zukünftigen Möglichkeiten ist somit ganz klar ein Teil der Lösung, aber sie kann niemals die endgültige und nachhaltige Lösung sein. Die Möglichkeiten, die in steigender Taktzahl verfügbar werden, sollten stattdessen als Mittel dafür betrachtet werden, zu einer anderen und dauerhafteren Lösung beizutragen.

Geschützte Minorität in Assyrien

Viele von uns sehen weiterhin die endgültige Lösung in Assyrien. Diese Einstellung basiert auf dem Glauben, dass früher oder später im Nahen Osten echte Demokratie und die Prinzipien des Rechtsstaats herrschen werden. Dies würde bedeuten, dass Assyrer in Frieden leben werden und als eine offiziell anerkannte Minoritätsgruppe gedeihen können. In vielerlei Hinsicht ist es diese Lösung, die mehrere assyrische Organisationen als ihr Ziel und als die auf lange Sicht einzige realistische Lösung betrachten. Sie bedeutet auch, dass wir die Wirklichkeit so, wie sie sich entwickelt hat, akzeptieren und uns mit einem dauerhaften Minoritätsstatus begnügen müssten.

Auch wenn dieser Vorschlag eine realistische Alternative darstellt, ist diese nicht die eigentliche und endgültige Lösung der assyrischen Frage. Als Minorität zu existieren, wenn auch in Assyrien, garantiert nicht zwangsläufig ein Überleben auf lange Sicht. Ein Dasein als geschützte Minorität in Assyrien birgt für die Zukunft eigene Gefahren und Herausforderungen. Es ist möglich, sich vorzustellen, wie die Minorität im Laufe der Zeit an die kulturell nahestehende Mehrheit assimiliert werden kann. In ferner Zukunft, in der im Nahen Osten eine Vermischung über die Ethnizitäts- und Religionsgrenzen hinaus jener in der westlichen Welt ähneln kann, wird dieses Szenario höchstwahrscheinlich eintreffen. Die religiösen, aber auch die kulturellen und ethnischen Unterschiede, die in früheren Epochen Hindernisse zwischen uns und den Mehrheiten in Assyrien dargestellt haben, werden daher aufgelockert werden. Einen offiziellen Minoritätsstatus in Assyrien zu erlangen, ist somit eine gute Lösung, aber auch diese ist nur vorübergehend und bedeutet auch im besten unter allen denkbaren Szenarien keine endgültige Garantie für ein Überleben.

Ein assyrischer Staat

Der Gedanke einer eigenen Staatenbildung in Assyrien ist alt und wurde mit dem Aufkommen des Assyrismus geboren. Er erscheint jedoch in immer höherem Grad und für immer mehr von uns als eine unrealistische Utopie. Für die Mehrheit der heutigen Assyrer ist dies ein Vorschlag, dessen Zeit zumindest seit dem Massaker von Simele im Jahre 1933 abgelaufen ist. Die Idee wird heute als das Wunschdenken eines Träumers oder als das sture Leugnen der Wirklichkeit eines Extremisten betrachtet. Gleichwohl fühlen viele ganz tief im Innern, dass die eigentliche und endgültige Lösung der assyrischen Frage nur in der Selbstbestimmung in Assyrien liegen kann. Die meisten sind sich einig, dass unser Überleben nur in einem eigenen Staat, in dem wir die Mehrheit bilden, auf lange Sicht garantiert ist. Während viele diesen Gedanken schnell als unmöglich beiseiteschieben, haben wenige von uns versucht zu analysieren, ob trotz allem bestimmte Grundvoraussetzungen vorliegen.

Die Tatsache, dass der Gedanke an eine eigene Staatenbildung als wilde Fantasie aufgefasst wird, zeigt ein weiteres Mal, wie das Denken des Kollektivs von der Opfermentalität geformt ist. Unsere Haltung in Bezug auf diese Frage wird noch heute von einem Denken diktiert, das von einem Mangel an Eigenverantwortlichkeit bestimmt ist. Diese defätistische Grundeinstellung wiegt jede neue assyrische Generation in dem Gefühl, dass Unabhängigkeit nunmehr unmöglich ist. Stattdessen blicken wir nostalgisch zurück in die Vergangenheit und bilden uns ein, dass die ältere Generation bessere Voraussetzungen hatte. Unsere Einstellung zu der Idee hat eigentlich nie auf Fakten oder tatsächlichen Verhältnissen basiert. Auch wenn die Demografie und andere Bedingungen günstig waren, ist die Möglichkeit außerhalb unserer Reichweite geblieben, nicht, weil sie es tatsächlich war, sondern weil wir dazu verurteilt waren, dies immer so aufzufassen. In den Fällen, in denen manche von uns den Gedanken ausgesprochen haben, geschah dies so, dass es etwas sein müsse, was wir von anderen geschenkt bekommen. Wenn Assyrer von heute den Gedanken der Unabhängigkeit abweisen, tun sie es aufgrund derselben Denkart, die dazu geführt hat, dass das Ziel immer als unerreichbar erscheint. Wenn wir aber stattdessen versuchen, die Frage ohne jene Begrenzungen zu analysieren, die von der Opfermentalität aufgestellt werden, werden viele zu der Einsicht gelangen, dass es sich um ein Ziel handelt, das sowohl realistisch als auch erreichbar ist.

VIII

Aussichten für die Unabhängigkeit

Wer von der Bildung eines assyrischen Staates spricht, kann sich auf eine breite Palette von Reaktionen einstellen, von Neugier und Interesse über Infragestellung und Anzweiflung bis hin zur Verhöhnung. Viele meinen sofort behaupten zu müssen, dass dem Vorschlag jegliche Voraussetzungen fehlen, und wenige sind bereit die Frage sachlich und jenseits eines Schwarzweißdenkens zu analysieren.

Grundvoraussetzungen

Für die Bildung eines neuen Staates ist in Bezug auf das, was allgemein als Demografie und Tatsachen bezeichnet wird, das Vorhandensein bestimmter Grundvoraussetzungen notwendig. Im Falle der Assyrer kann man sagen, dass diese Grundvoraussetzungen für einen langen Zeitraum in der Zukunft gesichert sind. Dabei handelt es sich um drei mehr oder weniger zeitlose und miteinander verbundene Faktoren, die aus dem geschichtlichen Recht der Assyrer in ihrem Gebiet, der ethnischen Zusammensetzung innerhalb der Besatzungsstaaten und der willkürlichen Art und Weise bestehen, wie die Grenzen in dem Gebiet irgendwann einmal gezogen worden sind. Unser historisches Recht ist unwiderlegbar und hat auch keine Verjährungsfrist. Es wird auch nicht von eventuellen zukünftigen Grenzziehungen in der Region berührt. Die multiethnische Zusammensetzung der regionalen Bevölkerung, vor allem die Ausbreitung der Kurden und deren Unabhängigkeitsstreben, stellt eine ständige Quelle für Veränderungen und Möglichkeiten dar. Die willkürliche Art und Weise, auf der die Grenzen vor hundert Jahren im Nahen Osten gezogen worden sind, berechtigt dazu, dass die Legitimität der Grenzziehung jederzeit in Frage gestellt werden kann. Zusammen schaffen diese drei Faktoren die geopolitischen Grundvoraussetzungen, die notwendig sind und die es ermöglichen, sich neue Staatenbildungen in der Region für die Zukunft vorzustellen.

Neben diesen speziellen Bedingungen gibt es eine politische Wirklichkeit in der Welt, die ebenfalls dazu beiträgt, Akzeptanz für den Gedanken an einen Staat für eine der ältesten Nationen der Welt zu schaffen. Sie besteht in der Tatsache, dass die politische Weltkarte einer ständigen Veränderung unterworfen ist. Seit den 1990er Jahren sind mehr als dreißig Länder hinzugekommen und es sind eine Reihe autonomer Gebiete anerkannt worden. Und weiter gibt es ethnisch basierte, politische Bewegungen für Autonomie und Selbständigkeit überall in der Welt. Zusammengefasst führen diese Realitäten dazu, dass die externen Voraussetzungen für einen assyrischen Staat in der Zukunft für lange Zeit weiterbestehen werden.

Möglichkeiten und Gefahren

Auch wenn es in der heutigen Situation schwer vorstellbar ist, werden wir mit größter Wahrscheinlichkeit eine radikal andere politische Kultur im Nahen Osten sehen. Fanatischer Nationalismus und Islamismus werden zugunsten einer toleranteren Kultur, in der Verschiedenheiten respektiert und Minoritäten geschützt werden, abnehmen. Die politische Kultur wird sich dem annähern, was wir in den europäischen Ländern sehen, in denen Minoritäten anerkannt werden und einen positiven Sonderstatus genießen.

Kaum jemand konnte sich früher vorstellen, dass türkische Intellektuelle eines Tages über den Seyfo schreiben und die Verleugnung ihres Landes verurteilen würden. Noch weniger konnten glauben, dass Türken mit der kurdischen Bewegung sympathisieren würden, ganz zu schweigen davon, dass es in der Türkei eine kurdische Partei und kurdische Fernsehsendungen geben könnte. Ungeachtet zeitweiliger Rückschläge in Ländern wie der Türkei oder dem Irak wird deutlich, dass die Entwicklung, wenn auch zu langsam und zu wenig, insgesamt in die richtige Richtung geht. Früher oder später wird sich echte Demokratie auch im Nahen Osten und in den Besatzerstaaten, die in Assyrien herrschen, durchsetzen. Die Frage ist nicht, ob dies geschehen wird, sondern eher wann.

Eine veränderte politische Kultur in der Region wird neue Möglichkeiten für staatenlose Gruppen eröffnen, ihre Positionen auf die Tagesordnung zu setzen. Diese bereits stattfindende Entwicklung stellt angesichts des Scheiterns nach dem Ersten Weltkrieg und anderer vertaner Gelegenheiten eine neue Chance für das assyrische Volk dar. Es gilt, diese neue Öffnung zu erkennen und zu versuchen, den maximalen Nutzen daraus zu ziehen.

Die Assyrer in der zukünftigen Türkei und dem zukünftigen Irak könnten beispielsweise politische Rechte und regionale Selbstverwaltung erhalten. Eine solche Entwicklung ändert jedoch nichts an unserem prinzipiellen Recht auf einen eigenen Staat. Die Katalanen im heutigen Spanien haben eine regionale Selbstverwaltung in einer der wichtigsten Demokratien der westlichen Welt, und dennoch fordern sie weiter ihre Unabhängigkeit.

Neben den Möglichkeiten, die die allgemeine Entwicklung mit sich bringen wird, können auch plötzliche einschneidende Ereignisse schnelle Fortschritte möglich machen. Die dramatischen Ereignisse der letzten zwei Jahrzehnte im Irak sind ein gutes Beispiel dafür, wie schnell sich die Wirklichkeit verändern kann. Die kurdische Unabhängigkeitsbewegung ist eine große Quelle für eine weitere Instabilität und plötzliche Umbrüche in der Region. Sie stellt aus assyrischer Perspektive sowohl eine Gefahr als auch eine Möglichkeit dar. Es lassen sich eine Menge denkbarer Szenarien aufzählen, die sich auf kurze oder mittelfristige Sicht in Assyrien abspielen können. Und es ist klar, dass in der Region in der Zukunft vieles passieren wird.

Die Assyrer sehen plötzliche Veränderungen einzig als Gefahr und haben vergessen, dass sie auch zu neuen Möglichkeiten führen können. Um plötzlich auftauchende Möglichkeiten zu nutzen, bedarf es einer fähigen und mutigen Bewegung, die bereitsteht – etwas, was uns weiterhin fehlt. Tatsächlich liegt genau darin und weniger in der dramatischen Entwicklung an sich unser Problem. Wir wissen nicht mit absoluter Sicherheit, welche Veränderungen eintreten werden, weder kurz- noch langfristig. Was wir wissen, ist, dass Veränderung die einzige Konstante ist. Wir können nicht immer die Entwicklungen voraussehen, aber wir können unsere Stärke und unsere Bereitschaft ausbilden, um den maximalen Nutzen aus ihr zu ziehen und negative Folgen entweder zu vermeiden oder zu absorbieren.

Es gilt auch, die Art und Weise zu ändern, wie wir über die Frage der Selbständigkeit nachdenken, sowie das Schwarzweißdenken hinter uns zu lassen. Die Idee der Unabhängigkeit wird realistischer, wenn man sie sich in Phasen denkt und nicht als einen plötzlichen und entscheidenden Schritt. Es gilt sich vorzustellen, wie gestärkte Minderheitenrechte, regionale Selbstbestimmung und andere Fortschritte notwendige Phasen auf dem Weg zu dem großen Ziel darstellen können.

Der demografische Faktor

Viele von uns sind bereit, eine Selbstbestimmung wegen der demografischen Wirklichkeit und wegen des Faktums, dass wir auf eine kleine Minorität in Assyrien dezimiert worden sind, für aussichtslos zu erklären. Am Ende bedeuten ein historisches Recht und verschiedene Möglichkeiten nichts ohne eine demografische Anwesenheit auf dem Boden. Auch in diesem Punkt liegt die Lösung darin, dass wir das Schwarzweißdenken hinter uns lassen. Die Frage der Demografie hängt nämlich zusammen mit Geografie und Politik. Wenn wir also akzeptieren, dass der assyrische Staat flächenmäßig deutlich kleiner sein kann als das eigentliche Assyrien, werden wir einsehen, dass die demografische Herausforderung zu bewältigen ist.

Für unser langfristiges Überleben sind demografische Mehrheit und Autonomie das an sich Wichtige und nicht die Größe der Landesfläche oder die Anzahl von Einwohnern. Indem wir die politischen Ambitionen an das anpassen, was in Form von Fakten realistischerweise erreichbar ist, gelangen wir zu der Einsicht, dass das Problem gar nicht so unlösbar ist, wie wir es uns vorgestellt haben. Ein großer Anteil der Staaten in der Welt sind sogenannte Mikrostaaten mit kleiner Fläche und kleiner Bevölkerung. Die Ambition der assyrischen Bewegung sollte über die Bildung eines Mikrostaats hinausgehen, aber unter der Bildung eines Staates, der das gesamte assyrische Kernland umfasst, liegen. Unsere Demografie ist darüber hinaus ein Faktor, der zu großen Teilen in unseren eigenen Händen liegt und dessen Entwicklung sich durch organisierte Arbeit beeinflussen lässt. Auch heute, wo es vielleicht so düster wie nie zuvor aussieht, gibt es rund eine halbe Million Assyrer in Assyrien und im restlichen Nahen Osten.

Es spielt jedoch keine Rolle, wie stark die Demografie ist, wenn man sie nicht widerstandsfähig machen kann. Die assyrische Bevölkerung ist in früheren Zeiten infolge von feindlichen Angriffen, Unterdrückung und wirtschaftlichen Schwierigkeiten geflohen. Die organisierte Arbeit muss daher nicht nur darauf abzielen, die Bevölkerungszahl zu erhöhen, sondern auch darauf, diese nachhaltig und widerstandsfähig zu machen. Ein Faktor, der für bessere Möglichkeiten spricht, eine nachhaltige assyrische Bevölkerung in Assyrien zu etablieren, ist die steigende Toleranz bei der übrigen Bevölkerung in der Region. Trotz gegenwärtiger Rückschläge durch den islamischen Terrorismus geht der allgemeine Trend bei den Bevölkerungen in der Region in Richtung einer zunehmenden Toleranz.

Ein anderer Aspekt der Demografiefrage berührt die Diaspora. In einer Zukunft, in der wir unsere Freiheit gesichert haben, muss das Land ein Zuhause für alle Assyrer werden. Der assyrische Staat muss das Recht eines jeden Assyrers auf Einbürgerung und Niederlassung in Assyrien garantieren, unabhängig davon, wo er oder sie geboren wurde. Das bedeutet natürlich nicht, dass alle Assyrer der Welt nach Assyrien umziehen werden. Es ist nicht nötig und nicht einmal wünschenswert, dass alle Assyrer nach Assyrien zurückkehren und sich dort niederlassen. Die Mehrheit der Armenier weltweit lebt außerhalb Armeniens und die Mehrheit der Juden in der Welt lebt anderswo als in Israel. Eine große Diaspora kann für einen kleinen Staat eine wichtige Ressource darstellen.

Es liegt auch kein Widerspruch darin, für die Befreiung von Assyrien zu kämpfen, sich selbst aber in Zukunft dort nicht wohnen zu sehen. Beim Kampf für einen assyrischen Staat geht es nicht darum, die Assyrer aus aller Welt an einem Ort zu versammeln. Sein vorderstes Ziel besteht darin, eine Heimat zu schaffen, die das Fortbestehen der assyrischen Kultur und Identität ermöglicht und garantiert. Ziel ist also die Sicherung unserer kollektiven Existenz und nicht eine Umsiedlung aller Individuen des Kollektivs.

Überlebensaussichten

Auch wenn man der Ansicht ist, dass Unabhängigkeit möglich ist, so kann man Zweifel hegen, ob ein Binnenstaat Chancen hat zu überleben. Der Nahe Osten ist die instabilste, am stärksten militarisierte Region mit den härtesten Lebensbedingungen in der Welt. Als einziger nicht muslimischer Staat in der Region hat Israel eine Reihe von Kriegen ausfechten müssen und steht weiterhin unter militärischem, wirtschaftlichem und politischem Druck. Man kann zu der Vorstellung gelangen, dass der assyrische Staat vor ähnliche militärische, demografische und politische Herausforderungen gestellt werden wird. Ein realistischeres Szenario ist jedoch, dass ein zukünftiges Assyrien auf weniger Widerstand treffen wird. Wir können mit recht großer Sicherheit behaupten, dass der Nahe Osten der Zukunft demokratischer, liberaler und toleranter sein wird. Der assyrische Staat wird damit in einer Region mit einer anderen Mentalität geboren werden als jener, die zur Zeit der Ausrufung des Staates Israel herrschte.

Die geografische Lage des Landes ohne Zugang zum offenen Meer ist eine weitere mögliche Quelle für das Infragestellen eines assyrischen Staates. Die Tatsache aber, dass es eine Menge von Binnenstaaten ohne Zugang zum Meer gibt, zeigt, dass es kein Faktor ist, der an sich über die Zukunft des Staates entscheidet.

Die Zukunft des Staates wird stärker davon abhängen, wie die Assyrer selbst handeln werden. Wenn sie sich auf die Hilfe der Umwelt verlassen, ist die Gefahr groß, dass sie wieder ihre Freiheit verlieren. Wenn sie sich dagegen ganz auf sich selbst verlassen, werden sie trotz aller Herausforderungen ihre Freiheit behaupten. Totales Selbstvertrauen ist nicht nur entscheidend dafür, dass wir überhaupt eine Selbständigkeit erreichen können, sondern auch dafür, unsere Freiheit in alle Zukunft zu sichern.

IX

Ein neuer Assyrismus

Um unsere Existenz als Volksgruppe zu sichern, bedarf es eines radikal anderen Denkens, begleitet von einer neuen Handlungskraft. Die Veränderung muss in der Tiefe erfolgen und in Form einer ideologischen Erneuerung.

Selbstvertrauen als Grundprinzip

Der assyrische Kampf ist mit Unterstützung und Anerkennung von anderen als Ausgangspunkt geführt worden. Wir haben auf ein Wunder gehofft und geglaubt, der Weg zu unserer Rettung gehe über Fremdmächte. Noch heute können wir sehen, wie assyrische politische Organisationen einen großen Teil ihrer Arbeit darauf verwenden, sich auf unterschiedlichen Konferenzen zu tummeln und Erklärungen zu veröffentlichen, in der Hoffnung, dass irgendjemand zu unserer Befreiung heranrückt. Selten haben wir es gewagt, auf unsere eigenen Fähigkeiten zu vertrauen.

Jede Nation besitzt selbst all die Kräfte, Fähigkeiten und Ressourcen, die für ihre Befreiung notwendig sind. Hat sie diese Qualitäten nicht, kann sie schwerlich den Anspruch erheben, eine Nation zu sein. Die Volksgruppen, die sich freigekämpft haben, sind jene, die die Bedeutung von Eigenverantwortlichkeit erkannt, den Glauben daran gezeigt und diese auch ausgeübt haben. Sie haben sich nicht mit der konstruierten Wirklichkeit abgefunden und sich geweigert, sich deren Einschränkungen und Erwartungen zu fügen.

Immer nur uns selbst vertrauen bedeutet nicht, dass sich die assyrische Bewegung isolieren oder nicht mit anderen zusammenarbeiten soll, sondern jeder Austausch muss von einer selbständigen Position ausgehen und nicht von einer Abhängigkeit. Wir müssen ganz einfach immer selbst die Hauptrolle in unserem eigenen Drama spielen.

Selbstvertrauen wird zu einer besseren Fähigkeit zur langfristigen Planung sowie zu Mut und Risikobereitschaft führen, zwei Eigenschaften, für die wir einen dringenden Bedarf haben.

Ein deutliches Ziel

Der Endpunkt einer jeden nationalistischen Ideologie ist die Selbstbestimmung der Nation in Form eines Nationalstaats. Dies ist auch das Hauptziel des Assyrismus gewesen, jedoch ist dieser ideologische Zweck mehr und mehr ausgehöhlt worden. Im Zuge der Schwächung der Volksgruppe ist der Ruf nach Unabhängigkeit bis zu einem Grad verhallt, dass er seine Bedeutung verloren hat. Die Bewegung ist in alle möglichen Richtungen unterwegs und es gibt kein deutlich ausgewiesenes Ziel. Ohne ein eindeutiges und endgültiges Hauptziel kann eine Bewegung unter ihren Anhängern keinen Glauben und keine Kraft entfalten. Nicht die Selbstbestimmung als Endziel ins Auge zu fassen, heißt sich zu begrenzen und sich weiterhin von den Wirkungen der kollektiven Opfermentalität steuern zu lassen. Für eine Erneuerung der Bewegung ist daher eine Konzentration auf die Selbständigkeit in Assyrien notwendig, egal wie weit entfernt das Ziel im Moment auch erscheinen mag. Die Bewegung muss die Unabhängigkeit als das einzige, endgültige und langfristige Ziel verordnen.

Eine einheitliche Identität

Statt weiter auf die Anstrengungen für eine nationale Einheitlichkeit zu bauen, hat die Bewegung mehr und mehr eine heterogene Identität für die Volksgruppe gefördert. Nach jahrzehntelanger Beschwichtigungspolitik können wir feststellen, dass die Einigkeit nicht gewachsen ist, aber dass die Verwirrung über die Identität und deren Schwächung die Oberhand gewonnen hat. Wir werden immer weniger als eine ethnische Volksgruppe betrachtet und immer mehr als lose „christliche Gruppen" identifiziert. Damit sind Jahrzehnte an harter Arbeit verloren gegangen und wir scheinen wieder ganz am Anfang zu stehen. Indem wir Kirchenbezeichnungen als ethnische Bezeichnungen legitimieren, tragen wir nicht zu einer Einigkeit, sondern zu einer langwierigen internen Zersplitterung und zu größerer externer Verwirrung bei. Keine Nation feilscht um ihre Identität und Benennung. Die Benennungsfrage ist ein Überbleibsel des politisch primitiven Zustands, in dem wir uns früher als Einzelkollektive entsprechend den Kirchenrichtungen befunden haben. Wir müssen uns nach vorn bewegen und uns aus diesem Zustand befreien, nicht nach hinten und ihn zementieren.

Die Verwirrung über die ethnische Bezeichnung hat sich auch auf die Benennung der Sprache ausgebreitet. Was diese Verwirrung vorantreibt, ist ein falsch gerichteter guter Wille, der auf der Einbildung basiert, das Eingehen von Kompromissen führe zu einer Einigkeit.

Über die Unordnung im Hinblick auf die Benennungen hinaus hat der traditionelle Assyrismus in mancher Hinsicht auch die ethnische, religiöse und kulturelle Identität verwechselt. Das assyrische Christentum war in seiner Natur ein missionarisches und unser Schriftsystem ist im Laufe der Geschichte von einer Reihe von Volksgruppen verwendet worden. Die Maroniten und andere christliche Gruppen im Nahen Osten, deren Herkunft außerhalb Assyriens liegt, sind daher fälschlicherweise von den Assyrern als Teil der assyrischen Nation angesehen worden.

Das Durcheinander bezüglich der Identität ist schädlich und muss abnehmen, wenn überhaupt Voraussetzungen für eine Einigkeit geschaffen werden sollen. Dieser Aufruf zu einer einheitlichen Identität gründet sich nicht auf Intoleranz oder einem Unwillen zur Inklusion. Er basiert auf dem Bewusstsein über die historischen Fakten, auf der Einsicht, dass sie eine Grundvoraussetzung für ein starkes Nationalgefühl ist und darauf, dass Kompromisse nur dazu dienen, die Situation zu verschlimmern.

Einigkeit auf den richtigen Grundlagen

Der traditionelle Assyrismus hat Einigkeit zur Überideologie gemacht und erachtet diese als Voraussetzung für auch nur den kleinsten Erfolg. Die Vorstellung, dass wir keinen Schritt nach vorn machen können, bevor wir nicht vollständig geeint sind, ist falsch und hat assyrische Anstrengungen seit Jahrzehnten irregeleitet. Ein höheres Maß an ideologischer und politischer Einigkeit ist natürlich wünschenswert, stellt aber kein Hindernis dafür da, hier und jetzt zu handeln. Es hat vermutlich nie eine Nation oder eine politische Bewegung gegeben, die vollständig geeint war.

Es ist also die Vorstellung, dass nur Einigkeit zu Erfolgen führen kann, in Frage zu stellen. Stattdessen ist es notwendig einzusehen, dass Erfolg an sich Einigkeit herbeiführen kann. Beweise hierfür liefert unsere eigene Geschichte, als die Kirchenführer die Einigung der assyrischen Nation so lange verkündeten, wie man glaubte, dass es eine Möglichkeit für Freiheit mithilfe der Briten zu geben schien. Erst als diese Hoffnungen mit dem Massaker von Semile zerstört wurden, begannen sie bewusst, sich vom

Assyrismus zu distanzieren. Der Weg zu einer stärkeren Einigkeit geht daher nicht über Zugeständnisse oder Kompromisse mit Gegenbewegungen, sondern über Aufklärung, ideologische Konfrontation und das Erzielen von Erfolgen, von denen sich das Volk angezogen fühlt.

Die anti-assyrischen Bewegungen bauen im Grunde auf der jeweiligen Kirchenidentität auf und haben damit eine ausschließende Ideologie. Der Assyrismus dagegen gründet sich in einer nationalen Identität und ist eine inkludierende Ideologie für all unsere Kirchengruppen. Daher ist es auch nur ihm gelungen, Individuen aus allen dialektalen, geografischen und konfessionellen Gruppierungen innerhalb der Volksgruppe an sich zu binden und eine De-facto-Mehrheit zu schaffen. Es gilt, zum einen weiter auf dieser existierenden Einigkeit aufzubauen und zum anderen nicht eine hundertprozentige Einigkeit als Voraussetzung für ein erfolgreiches Handeln, sondern Erfolge als Voraussetzung für eine stärkere Einigkeit zu sehen.

Pan- Assyrismus

Trotz einer mehr als hundert Jahre währenden Tätigkeit gibt es keine einzige pan-assyrische politische Organisation. Die Mehrheit der existierenden Organisationen hat sich zu einer Art halb geschlossener Clubs für Assyrer mit homogenem Hintergrund entwickelt. Sie entstanden auf Basis der geografischen Heimat, der Kirchenzugehörigkeit oder der Dialektgruppe. Von der Einigung der Nation zu predigen, selbst aber in alten Strukturen verfangen zu bleiben, vermittelt jedoch nicht gerade Glaubwürdigkeit. Eine Bewegung, die sich zum Assyrismus und dessen Glaubenssatz, dass wir eine Nation sind, bekennt, muss dies auch durch Handlung zeigen.

Viele dieser Organe haben sich außerdem im Laufe der Zeit

eher als nationale Parteien in Syrien, im Irak oder in anderen Besatzerstaaten identifiziert. Man kann daher sagen, dass sie sich ideologisch vom Grundgedanken des Assyrismus in diesen Aspekten weit entfernt haben.

Die Bewegung muss diese hemmenden Muster durchbrechen und sich den Nutzen der Kraft bewusst machen, die freigesetzt werden wird, wenn wir die Mauern zwischen uns niederreißen. Wir haben einen dringenden Bedarf an ideologisch fundierten, grenzenlosen politischen Organisationen, die bewusst Assyrer mit großen unterschiedlichen Hintergründen sammeln können. Die einzigen, die davon profitieren, dass wir uns weiter nach den alten Strukturen organisieren, sind unsere Unterdrücker.

Nationale Beschlussfassung

Der assyrischen Bewegung ist es in all diesen Jahrzehnten nicht gelungen, zu einer nationalen Koordinierung oder Beschlussfassung zu gelangen. Auch wenn es eine Reihe von Versuchen in diese Richtung gegeben hat, haben sie sich immer als unzureichend und mehr oder weniger undurchdacht erwiesen. Mögen die verschiedenen assyrischen politischen Organisationen eigene Tagesordnungen, Strategien und Ziele haben, so ist die Grundlage ihrer Existenz doch dieselbe. Für eine Bewegung, die ernst genommen werden will, ist es wichtig zu zeigen, dass sie sich unter einem Dach sammeln kann. Dabei handelt es sich nicht um die Art nationaler Einigkeit, die Assyrer als absolut notwendig für Erfolge erachten und die die Bewegung seit Jahrzehnten lähmt. Der Zweck liegt auch nicht darin, dass wir uns organisieren, um auf Rettung durch externe Akteure zu hoffen. Nationale Beschlussfassung bedeutet, dass die Akteure innerhalb der Bewegung einen Mechanismus für gemeinsames Handeln auf Basis des grundlegenden gemeinsamen Interesses und für dessen

Fortschreiten entwickeln. Dies bedeutet nicht, dass ein Akteur sich selbst aufgeben muss und der Zweck ist auch nicht, die Bewegung im traditionellen Sinne des Wortes zu „einen".

Nationale Beschlussfassung ist ein Signal an die Umwelt, dass die Bewegung politisch reif und in der Lage ist, eine seriöse Gegenpartei zu sein. Sie ist auch ein wichtiges Signal an die eigene Volksgruppe, um Zusammenarbeit zu fördern und den Glauben an die politische Kultur zu stärken und weiterzuentwickeln. Um ein territorialer Staat werden zu können, müssen wir zuerst die Fähigkeit entwickeln, durch die Ausübung nationaler Beschlussfassung ein in der Praxis nicht territorialer Staat zu werden.

Aufklärung

Einer der vielen Fehler der Bewegung lag darin, dass sie sich darauf verlassen hat, dass Bildung und Ausbildung zu einem aufgeklärten Volk führen würden. Die Ausbildung einer Person ist eine Frage, die sie oder ihn selbst betrifft, Bildung hingegen ist eine Frage, die auch die Bewegung betrifft. Während eine formale Ausbildung technische Fertigkeiten an die Hand gibt, ist es allein die Aufklärung, die dem Individuum hilft, mehr von seiner Umwelt zu verstehen und auf ein höheres Ideal hinzuarbeiten. Die veralteten Erscheinungen in Form von Clanloyalität und anderem, die die Assyrer im Allgemeinen weiterhin aufrechterhalten, sind das Ergebnis eines Mangels an höherer Kultur und höherem Bewusstsein. Ein gebildetes und aufgeklärtes Volk ist der wichtigste Garant für einen bewussten Kampf und eine blühende Nation. Es ist kein Zufall, dass viele erfolgreiche politische Bewegungen auf geglückte Aufklärungsinitiativen zurückgehen. Eine gebildete Bewegung wird bessere Voraussetzungen haben, um gut funktionierende Organisationen zu schaffen. Eine Organisationskultur, in der Ideologie und Regeln etwas für die Praxis bedeuten, wird ihrerseits zu Disziplin und damit besseren Voraussetzungen für Ergebnisse führen.

X

Der Weg nach Assyrien

Die kollektive Opfermentalität mit all ihren verheerenden Wirkungen und Konsequenzen hat allzu lange fortschreiten dürfen. Dies muss jedoch nicht so weitergehen. Wir haben alle Möglichkeiten, einen neuen Weg einzuschlagen und verlorenen Boden wiedergutzumachen.

Der Weg nach Assyrien beginnt bei uns

Der Weg nach Assyrien beginnt in uns selbst. Seit dem Aufkommen des Assyrismus bis in die neueste Zeit hatte die Mehrheit von uns einen Glauben an die assyrische Frage, jedoch glaubten wenige an unser eigenes Vermögen, diese auch zu verwirklichen. Heute ist das Gegenteil der Fall. Jene, die überzeugt davon sind, dass die assyrische Frage eine Chance hat, sind in der Minderheit, während eine langsam wachsende Zahl dabei ist, zu der Einsicht zu gelangen, dass nur wir allein das Ziel verwirklichen können. Mit anderen Worten laufen wir Gefahr, weiterhin unser größter Feind zu sein. Lange sind wir dazu verurteilt gewesen, das Glas als halb leer statt als halb voll zu betrachten. Wer aber unter diesem Komplex leidet, wird es niemals so erleben, dass wir viele genug sind, stark genug sind oder ausreichend geeint. Das ist die Rhetorik und das Denken in Ausreden, Defätismus und der Opfermentalität. Bevor etwas Wirklichkeit wird, muss es in den Gedanken existieren. Mit den herrschenden mentalen Blockaden wären die Assyrer nicht in der Lage, einen eigenen Staat auszurufen, selbst wenn es einen Beschluss des Sicher-

117

heitsrats der Vereinten Nationen geben würde. Wir haben uns
unsere Freiheit niemals ernsthaft vorstellen können. Assyrien
muss erst in unseren Sinnen zu existieren beginnen, bevor es
Wirklichkeit werden kann. Die große Herausforderung ist deshalb nicht, den Türken, Araber, Iraner oder Kurden zu besiegen,
sondern den Feind in uns selbst. Wir müssen die in uns und
unter uns herrschende Vorstellung besiegen, es sei zu spät, zu
schwer oder unmöglich. Erst wenn wir diesen inneren Feind und
unser selbstdestruktives Verhalten bezwungen haben, können
wir beginnen, uns unserem Ziel zuzuwenden.

Die Herausforderung, die damit vor uns liegt, verlangt einen
völlig neuen Assyrer. Uns in unserem derzeitigen tragischen Zustand zu erheben und Herren in unserem eigenen Haus zu werden,
wird Weitsichtigkeit und Durchhaltevermögen erfordern. Wir
sind nicht über Nacht eine Minderheit in Assyrien geworden,
und auch der Weg zurück wird nicht kurz sein. Wir sollten uns
nicht einbilden, dass wir bald mit Waffen in der Hand an der
Stadtmauer von Ninive stehen. Der Weg dorthin wird lang sein
und voller Hindernisse, und er wird all unsere Anstrengungen und
Kräfte in Anspruch nehmen.

Ein Aufruf zur Erneuerung

Um uns aus der derzeit herrschenden Situation zu befreien,
bedarf es einer ideologischen Erneuerung. Dieses Buch ist ein
Versuch, eine solche anzubieten. Im Zentrum steht das nicht
verhandelbare Prinzip der assyrischen Selbstbestimmung. Ohne
sie hat die Ideologie keine Existenzberechtigung und die Nation
auf lange Sicht keine Überlebenschancen. Der progressive Assyrismus versucht wichtige Fragestellungen zu beantworten und
mehr Klarheit zu schaffen.

Während eine ideologische Erneuerung unbedingt notwendig

ist, so ist sie gleichzeitig nicht ausreichend, um den Wandel zu schaffen, der herbeigeführt werden muss. Um eine praktische Wirkung entfalten zu können, muss sie zu einer persönlichen Veränderung bei den Individuen führen, die die Bewegung tragen. Statt von alten Verdiensten zu zehren und in der Erinnerung an frühere Glanzzeiten zu schwelgen, braucht es Demut und ein aufgeklärtes, im Hier und Jetzt verankertes Denken. Anstelle demütigender Bettelei und Ahnungslosigkeit ist der Glauben an unsere eigenen Fähigkeiten notwendig. Darüber hinaus sind eine intellektuelle Renaissance und eine politische Kultur vonnöten, die reifer sind und vernünftiger. Statt einem Leben in materiellem Überfluss hinterherzujagen, müssen wir einen guten Teil unserer Energie auf etwas verwenden, das größer ist als jeder Einzelne von uns.

Ein gerechter Kampf

Die Geschichte zeugt von unserem Pazifismus und Humanismus. Seit Jahrtausenden haben wir danach gestrebt, mit unseren Nachbarn in Frieden zu leben. Der progressive Assyrismus ist die Fortsetzung dieser lebensbejahenden Philosophie, jedoch mit dem Unterschied, dass wir nicht länger auch die andere Wange hinhalten werden. Er ist eine Ideologie, die darauf abzielt, einem der ältesten und im Laufe der Geschichte am brutalsten unterdrückten Völkern der Welt Wiedergutmachung widerfahren zu lassen.

Uns ist nicht daran gelegen, andere zu unterwerfen oder zu unterdrücken. Auch geht es bei unserem Kampf nicht darum, Rache für das an uns begangene Unrecht zu üben. Es geht um Gerechtigkeit. Noch heute werden wir unterdrückt und aus Assyrien vertrieben. Unser Kampf zielt darauf ab, dieser Unterjochung ein Ende zu setzen, und er ist damit auch ein Kampf für die Menschenrechte. Unsere Ambitionen basieren nicht auf nostalgischen Träumen von einem untergegangenen ehemaligen Imperium. Wir fordern allein das Recht des assyrischen Volkes, auf einem Teil seines Bodens in Frieden und Freiheit gemäß dem internationalen Recht zu leben. Wir wollen genau wie die freien Nationen die Möglichkeit genießen, die zu sein, die wir sind, ohne ständig klein gemacht zu werden und uns anpassen zu müssen. Mit unserem Kampf wollen wir erreichen, dass die assyrische Sprache, Identität und Kultur weiter als etwas Lebendiges bestehen bleiben und nicht ein ausgestorbenes, auf die Museen der Welt verteiltes Erbe darstellen. Das Recht eines Volkes auf Selbstbestimmung sollte auch für die assyrische Nation gelten.

Wir wollen einen Staat mit einer demokratischen Staatsform errichten, in dem die Rechte des Einzelnen unantastbar sind, in dem alle vor dem Gesetz gleich behandelt werden und in dem Rechte von Minderheiten respektiert werden. Der assyrische Staat wird dem assyrischen Volk ermöglichen, ein Teil der Weltgemeinschaft zu werden und zur Erstarkung der Menschlichkeit beizutragen. Der assyrische Staat der Zukunft wird seinen Kindern ein sicheres Zuhause bieten. Er wird ein Anker für Stabilität in dieser instabilen Region sein und eine treibende Kraft für das Streben nach einer besseren Welt darstellen.

Ein höheres Ideal

Wir haben daran mitgewirkt, Weltgeschichte zu schreiben, aber auch daran, uns selbst von der Vergangenheit beherrschen zu lassen. Unsere Vorväter eroberten ihre Welt und erreichten den Höhepunkt in ihrer Geschichte, während ihre Nachkommen unterjocht wurden und in deren tiefsten Abgrund stürzten. Dreimal haben wir ganz vorn an der Spitze gestanden. Einmal durch das gewaltige Reich im Altertum und dessen herausragende Zivilisation, zum Zweiten durch die Kraft unserer weltumspannenden christlichen Herrschaft und den damit verbreiteten Glauben und schließlich durch unseren unbeirrbaren Humanismus und Pazifismus in einer grausamen und gewalttätigen Welt. Auf vielerlei Art waren wir stets unserer Zeit voraus und damit Pioniere im wahrsten Sinne des Wortes. Wir bauten ein Imperium auf, als andere in kleinen Stämmen lebten, wir etablierten die erste Weltkirche, als die Nationen noch weiter in seelischem Dunkel tappten, und wir entschieden uns für Humanismus, während das Menschengeschlecht noch im Zeichen von Auge um Auge, Zahn um Zahn lebte. Zum ersten Mal auf unserer langen Reise finden wir uns heute weit zurückgeschlagen hinter vielen anderen. Unsere Vorväter waren weise genug, sich von höheren Idealen leiten zu lassen, und hatten den Mut, diese zu verwirklichen. Wir haben die Möglichkeit zu beweisen, dass wir noch immer die Kraft haben, für das zu leben, woran wir glauben. Andere Nationen, die die Geschichte zum Untergang verdammt hat, haben sich erhoben und den Tod verdammt. Auch wir müssen die ewige Existenz zu unserem Schicksal machen. Unsere Freiheit liegt in unseren Händen, und nur wir können das nächste Kapitel in unserem jahrtausendealten Epos schreiben. Assyrien wird sich nur durch unseren Glauben, unseren unbeugsamen Willen und durch unsere harte Arbeit wieder neu aufrichten. Lasst uns uns daher um dieses höhere Ideal und um den Glauben an Freiheit durch Assyriens Unabhängigkeit versammeln.

Anmerkungen

Identität und Transformationen

1. Kampen för ett fritt Assyrien II, 2012, p. 104 2. Ibid., p. 150
2. Ebda, 2012:150
3. Aboona, 2008, p. 61

Verheerende Auswirkungen

4. The journal Hujådå, volume 15, No. 10
5. Afram, 2012, p.221
6. J. Gorek från Karboran 2015, p. 16-17
7. Ibid., p. 20
8. Ibid., p. 21
9. Lobdell, 1859, p. 271
10. Aboona, op.cit., p. 60

Wille ohne Eigenverantwortlichkeit

11. Kampen för ett fritt Assyrien II, 2012, p. 145
12. Ibid., p.168
13. Ibid., p. 103
14. Islams vrede, 2003, p. 48
15. Ibid., p. 56
16. Ibid., p. 56
17. Ibid., p. 56

18. Ibid., p. 57
19. Ibid., p. 59
20. Ibid., p. 68
21. Stafford, 1935, Chapter VI
22. Malek, 1935, Chapter IV 97
23. Kampen för ett fritt Assyrien II, 2012, p. 28

Mut ohne Nutzen

24. Donabed, 2016, p. 145
25. Kampen för ett fritt Assyrien II, 2012, p. 179
26. Donabed, op.cit., p. 104

Die krankende Bewegung

27. Youash, 2016: https://www.youtube.com/watch?v=joG
    3Q7k5vHg
28. Online article: Prime Minister Sharon's remarks on the
    100th anniversary of Theodor Herzl's death, 2004: https://
www.gov.il/en/departments/news/mes0807042

Referenzliteratur

Aboona, Hirmis. 2008. *Assyrians, Kurds, and Ottomans Intercommunal Relations on the Periphery of the Ottoman Empire.* New York: Cambria Press

Afram, Gabriel. 2012. *Inkräktarna: assyriernas historia i Sverige.* Stockholm: Gabriel Afram.

Bar-Tal, Daniel, Chernyak-Hai, Lily, Schori, Noa and Gundar, Ayelet. 2009. *A sense of self perceived collective victimhood in intractable conflicts.* 91:874 International review of the Red Cross.

Bet-Sawoce, Jan. [red.] 2012. *Kampen för ett fritt Assyrien II.* Stockholm: Nsibin

Bet-Sawoce, Jan. [red.] 2015. *Kampen för ett fritt Assyrien III.* Stockholm: Nsibin

Bet-Sawoce, Jan. 2015. *J. Gorek från Karboran.* Stockholm: Nsibin

Bet-Sawoce, Jan [red] 2003. *Islams vrede.* Bet froso. Stockholm

Donabed, Sargon George. 2015. *Reforging a forgotten history: Iraq and the Assyrians in the twentieth Century.* USA: Edinburgh University Press

Israel Joseph Benjamin. *Eight Years in Asia and Africa from 1846 to 1855.* (Hanover: s.p., 1859), 97. Selbstverlag des Verfassers

Lobdell, Henry. 1859. *Memoir of Rev. Henry Lobdell, M.D. late missionary of the American board at Mosul including the early history of the Assyrian mission.* Boston: The American Tract Society

Malek, Yusuf. 1935. *The British betrayal of the Assyrians.* USA: Kimball Press

Parpola, Simo. 2004. *Assyrian Identity in Ancient times and Today.* https://www.atour.com/education/pdf/20040416a.pdf (08.07.2021)

Parpola, Simo. 2004. *National and Ethnic Identity in the Neo-Assyrian Empire and Assyrian Identity in Post-Empire Times.* Journal of Assyrian Academic Studies, 18 (2), 5–22

Rollinger, Robert. October 2006. *The terms "Assyria" and "Syria" again.* Journal of Near Eastern Studies, 65 (4), 283-287

Stafford, Ronald Sempill. 1935. *The tragedy of the Assyrians.* [...]: G.Allen & Unwin

Tidningen Hujådå. 1992. *Ashur Yousuf: anledningen till assyriernas bakåtskridande.* Hujådå. Jahrgang 15, Nr. 10.